Antonio Carcanella

Per Ritus et Preces

Antonio Carcanella

Per Ritus et Preces

Itinerario pedagogico-mistagogico del Rito del Matrimonio

Edizioni Sant'Antonio

Imprint
Any brand names and product names mentioned in this book are subject to trademark, brand or patent protection and are trademarks or registered trademarks of their respective holders. The use of brand names, product names, common names, trade names, product descriptions etc. even without a particular marking in this work is in no way to be construed to mean that such names may be regarded as unrestricted in respect of trademark and brand protection legislation and could thus be used by anyone.

Cover image: www.ingimage.com

Publisher:
Edizioni Accademiche Italiane
is a trademark of
International Book Market Service Ltd., member of OmniScriptum Publishing Group
17 Meldrum Street, Beau Bassin 71504, Mauritius

Printed at: see last page
ISBN: 978-613-8-39204-0

È soprattutto per te,
anima a me sorella,
ogni parola che leggi.

Ai miei genitori
sorriso della mia infanzia

A Mons. Vincenzo D'Addario
provvidenza nella mia giovinezza

A Mons. Vincenzo Manzella
esempio nel mio sacerdozio

A Don Giuseppe Federico
sostegno nella mia formazione

INDICE

Tavola delle Sigle

AT: Antico Testamento

CCC: Catechismo della Chiesa Cattolica

CEI: Conferenza Episcopale Italiana

CEP: Conferenza Episcopale Piemontese

DV: Concilio Ecumenico Vaticano II, Cost. dogm. *Dei Verbum*

ECEI: Enchiridion della Conferenza Episcopale Italiana

EDF: Enchiridion della Famiglia

EV: Enchiridion Vaticanum. Documenti ufficiali della Santa Sede

FC: Es. apost. *Familiaris Consortio*

GS: Concilio Ecumenico Vaticano II, Cost. dogm. *Gaudium et Spes*

LG: Concilio Ecumenico Vaticano II, Cost. dogm. *Lumen Gentium*

LM: Lezionario del Matrimonio

MR: Messale Romano 1983[2]

NT: Nuovo Testamento

OCM: Ordo Celebrandi Matrimonium

OGLR: Ordinamento generale del Lezionario Romano

OGMR: Ordinamento generale del Messale Romano

RM: Rito del Matrimonio

Prefazione

Con l'esortazione apostolica *Amoris Laetitia*, in questi anni si è molto discusso del vero ruolo che la famiglia ricopre per la società e nella Chiesa. All'interno di questo dibattito, che ha ripreso vigore già con il pontificato di Giovanni Paolo II, si innesta l'opera di Antonio Carcanella. Il suo lavoro nasce dagli studi e dal suo interesse verso la pastorale familiare ed in particolare per il sacramento che ne è fondamento: il Matrimonio.

Da focolare domestico, da indissolubile rifugio dal mondo, da centro educativo dei figli, col tempo il Matrimonio si è trasformato in mera convenzione sociale da cui fuggire alle prime difficoltà, basato su un sentimento che si consuma velocemente e che lascia dietro di sé lunghi strascichi di delusioni. Il suo inizio, segnato dal Rito del Matrimonio, è divenuto, per la società contemporanea, solo una serie di segni svuotati di significato. Riscoprire il senso di quei simboli significa invero dare valore profondo al sacramento al quale le giovani coppie troppo spesso si accostano con superficialità. Si rende necessario dunque che i futuri sposi prendano maggiore coscienza dell'importanza della scelta di intraprendere la via del matrimonio religioso.

Parimenti in questo clima di sfiducia, le coppie di sposi che sentono il desiderio di vivere cristianamente la loro vita matrimoniale nutrono la necessità di un percorso che li accompagni nel tempo per trovare e ritrovare nella Parola le fondamenta su cui continuare a costruire giorno per giorno il loro rapporto intimo con Dio. Elemento imprescindibile è senza dubbio la presenza dello Spirito Santo che dovrebbe accompagnare le scelte e le dinamiche quotidiane degli sposi al fine di tracciare la strada dell'amore coniugale.

Da queste esigenze, dall'esperienza pastorale dell'autore, parroco di una vitale parrocchia nell'entroterra siciliano, e dai suoi studi teologici, svolti presso il Pontificio Istituto Giovanni Paolo II di Roma nel quale si è specializzato nella teologia del matrimonio e della famiglia, nasce quest'opera che vuole illustrare un possibile itinerario *pedagogico-mistagogico* - di conoscenza e iniziazione - al ministero del matrimonio.

Questo studio di Carcanella si situa invero nell'alveo della riflessione intorno alla natura del matrimonio e, in generale, alla natura della persona umana, che si può ormai considerare una vera e propria tradizione in campo teologico, non solo sul piano magisteriale, ma anche nel più ampio ambito della ricerca teologica e della divulgazione pastorale. In maniera molto sensibile e sagace Carcanella mette in evidenza e utilizza anche altre prospettive di studio, che gli consentono di presentare in maniera molto equilibrata ed approfondita, sia pure in un breve numero di pagine, temi fondamentali per comprendere la visione cristiana non solo del matrimonio, ma di tutta la vita relazionale dell'uomo.

Ci troviamo, quindi, di fronte ad uno studio che si pone sul piano specialistico, per ciò che riguarda la trattazione delle principali tematiche liturgico-pastorali, ma che, in realtà, assume il carattere di una presentazione utile per tutti i lettori interessati, non solo per i teologi o gli studenti di teologia specializzandi, al riguardo di quello che, in fondo, è uno dei misteri più affascinanti della vita umana, vale a dire l'aspetto relazionale della natura stessa dell'uomo, la dimensione relazionale della persona, che passa attraverso il corpo stesso e che Giovanni Paolo II nelle sue ormai celebri catechesi su uomo e donna ha posto al centro del suo stesso pontificato

Oltre modo Carcanella vuole mettere in risalto il ruolo strategico della famiglia all'interno della comunità cristiana, non solo come "cellula originaria della società" ma come nucleo fondante della Chiesa. Può sbocciare così una nuova *educazione all'amore* coniugale che rappresenti il cardine per il rinnovamento della famiglia come centro formativo di una società cristiana. Vivere da famiglia cristiana vuole dire prendersi per mano, mettendosi ogni giorno all'ascolto della Parola, a servizio della comunità, aprendo l'uscio della propria casa, condividendo i doni e i carismi che porta in dote per essere esempio concreto di comunione fraterna. Attraverso il sentiero proposto, il rito del matrimonio diviene il punto di partenza per rinvigorire costantemente quella famiglia cristiana che può essere testimone credibile dell'amore di Dio e rappresentare l'anello di congiunzione tra la chiesa e la società.

Angela e Marco Grassi

PREMESSA

La *editio typica altera* dell'OCM pubblicata il 19 marzo 1990, ha avuto il suo adattamento ufficiale italiano intitolato RM, approvato dalla Congregazione del Culto Divino e dalla Disciplina dei Sacramenti il 29 aprile 2004 e pubblicato il 28 marzo 2004.

L'*editio typica altera* contiene i *Praenotanda* divisi in quattro capitoli di complessivi quarantaquattro numeri; seguono cinque capitoli della liturgia. Il primo contiene il RM *nella messa*, il secondo il RM *senza la messa*, il terzo il RM *davanti a un assistente laico*, il quarto il RM *tra la parte cattolica e la parte catecumena o non cristiana*, il quinto offre vari testi da usare nel RM e nella messa degli sposi; seguono tre appendici: la prima contiene esemplari di preghiera universale, la seconda il rito della benedizione dei fidanzati, la terza il rito della benedizione dei coniugi nella messa in occasione dell'anniversario del matrimonio.

L'edizione italiana del RM contiene i *Decreti* della Congregazione del Culto Divino e la Disciplina dei Sacramenti, una *Presentazione* della CEI in cui sono esposti i criteri ispiratori dell'adattamento rituale, le *Premesse generali*, traduzione dei *Praenotanda* dell'OCM, e quattro capitoli. Il primo contiene il RM *nella celebrazione eucaristica*, il secondo il RM *nella celebrazione della Parola*, il terzo il RM *tra una parte cattolica e una parte catecumena o non cristiana*, il quarto presenta vari testi da utilizzare nella celebrazione del matrimonio e nella messa per gli sposi.

L'edizione italiana viene dopo dieci anni dalla promulgazione della *editio typica altera* latina dell'OCM e rispetto a questa accoglie gli adattamenti ritenuti opportuni secondo le esigenze della cultura italiana[1]. La traduzione è lavoro della commissione episcopale per la liturgia della CEI.

Tra gli adattamenti compiuti nella edizione italiana del RM sono notevoli soprattutto la memoria del battesimo, le litanie dei santi, la possibilità di proferire la benedizione nuziale dopo lo scambio degli anelli, una quarta formula di benedizione nuziale oltre le altre già in vigore. Altri adattamenti consistono in nuovi testi che non ci sono nell'edizione latina dell'OCM: una nuova formula per la manifestazione delle intenzioni prima del consenso, una nuova formula per il consenso, le acclamazioni del popolo nella terza formula di benedizione nuziale, la già menzionata quarta formula di benedizione nuziale, varie monizioni presenti in diverse parti del rito, una nuova formula per la benedizione degli anelli che riprende il contenuto delle altre con riferimento diretto alla celebrazione del matrimonio in atto, una formula di congedo alla fine della messa che esprime l'invito alla missione e alla testimonianza sponsale nella comunità cristiana.

Oltre agli adattamenti eucologici vi sono quelli gestuali; essi sono: l'aspersione con l'acqua nella sequenza della rinnovazione del battesimo, la venerazione del libro dei Vangeli, l'accoglienza del consenso con il gesto del sacerdote di stendere la sua mano sulle mani unite degli sposi mentre pronuncia la formula di accoglienza del consenso, l'incoronazione degli sposi, la velazione degli sposi e infine la posizione degli sposi che nel momento del consenso nuziale si voltano l'uno verso l'altro in modo da essere visibile all'assemblea stessa.

---

[1] Confrontando la struttura rituale dell'OCM con quella del RM si nota che l'edizione italiana ha tralasciato il capitolo terzo dell'*editio typica altera*, e cioè l' OCM *coram assistente laico*, per il fatto che in Italia non si riconoscono le condizioni per delegare ai laici l'assistenza ai matrimoni.

Nella nostra trattazione ci limiteremo a prendere in considerazione l'edizione italiana del RM, edita nel 2004, dove dapprima attenzioneremo i linguaggi non verbali del rito poi procederemo all'analisi del codice verbale.

L'obbiettivo che ci poniamo è quello di esplicitare il significato di segni e parole che durante la liturgia nuziale vengono posti. Questo ci permetterà di delineare, alla luce delle scelte che gli sposi pongono per l'ufficiatura del matrimonio, un itinerario pedagogico a partire dalla mistagogia della celebrazione delle nozze.

INTRODUZIONE

Il matrimonio e la famiglia sono oggetti di riflessione e discussione dello scenario pubblico mondiale da svariati decenni. Per essere più precisi la riflessione su di essi ci porta indietro nel tempo anche di qualche secolo[2].

Il merito di una vera svolta, oserei dire epocale, a riguardo, va dato a Giovanni Paolo II che ha reso possibile uno sviluppo sistematico interdisciplinare attraverso la costituzione del Pontificio Istituto per studi su matrimonio e famiglia a lui dedicato.

Giovanni Paolo II non va considerato un *rivoluzionario*; egli si pone piuttosto in continuità con la Tradizione della Chiesa, fedele alla Parola di Dio, dei suoi predecessori e in modo particolare del Concilio Vaticano II. Egli ha cercato, a livello pedagogico, di dare eco all'amore umano rendendo possibile un passaggio fondamentale nelle coscienze di molti e in particolare degli sposi cristiani: non ti amo perché sei mia/o moglie/marito, sei mia/o moglie/marito perché ti amo[3].

Recentemente anche Benedetto XVI, rivolgendosi alla diocesi e città di Roma, ha ribadito la necessità di attenzionare il *problema educativo* viste le situazioni che la famiglia di oggi sta vivendo[4].

Egli nella lettera afferma che l'educazione di «bambini, adolescenti e

---

[2] Per approfondimenti in merito: cfr F. D'AGOSTINO, *La famiglia, un bene insostituibile*, Cantagalli, Siena 2008.

[3] All'amore umano Giovanni Paolo II ha dedicato un intero ciclo di catechesi delle udienze del mercoledì: cfr GIOVANNI PAOLO II, *Uomo e Donna lo creò. Catechesi sull'amore umano*, Città Nuova, Roma 2007.

[4] Cfr BENEDETTO XVI, *Lettera alla diocesi e alla Città di Roma sul compito urgente dell'educazione* (21.01.2008), LEV, Città del Vaticano 2008.

giovani» è di primaria importanza perché da essi «dipende il futuro» della società; che «l'educazione non è mai stata facile» per questo si parla di «emergenza educativa», di «frattura fra le generazioni» che è «l'effetto, piuttosto che la causa, della mancata trasmissione di certezze e di valori».

Oggi è spesso messo in discussione «il valore della persona umana, il significato stesso della verità e del bene, in ultima analisi la bontà della verità». Il Pontefice esorta: «non temete! Tutte queste difficoltà, infatti, non sono insormontabili». Egli dà indicazioni sulle piste guida per un rinnovato cammino pedagogico: «occorre vicinanza e fiducia che nascono dall'amore» sempre pronto a non trascurare la «grande domanda riguardo alla verità». La verità è intrisa di sofferenza infatti «la capacità di amare corrisponde alla capacità di soffrire, e di soffrire insieme». Concludendo Benedetto XVI afferma che «alla radice della crisi dell'educazione c'è infatti una crisi di fiducia nella vita».

Alla luce del magistero di questi due pontefici, che ci rimandano all'essenzialità dell'amore, è sorto il desiderio di verificare se è possibile elaborare un itinerario pedagogico[5]-mistagogico[6] per le giovani coppie di sposi

---

[5] Comunemente il termine pedagogia è riferito alla disciplina scientifica dell'educazione, alla formazione, all'istruzione. L'etimologia del termine dal greco: *pais* – fanciullo e *agogós* – guida/custode, indicava la figura di uno schiavo o di un uomo libero che inizialmente era incaricato di accompagnare i fanciulli a scuola o in palestra e in un secondo momento preposto all'educazione dei giovani aristocratici per giungere in fine ad indicare l'attività dell'educazione, specie quella morale. Possiamo identificare diversi rami pedagogici: cristiana, istituzionale, sociale, sperimentale. Noi, fermo restando l'universalità della pedagogia, ci poniamo nella scia di quella cristiana. Perché una pedagogia possa ritenersi cristiana è necessario che sia: *autentica*, cioè rispettare e promuovere il lavoro della ragione in campo educativo; *vigilante*, verso quelle teorie educative in contrasto con i contenuti della rivelazione; *perseguire la santità*, tracciare percorsi di autentica maturazione umana all'interno dei processi di conversione e crescita cristiana; *in una prospettiva escatologica*, la prospettica cioè «[…] dei nuovi cieli e della nuova terra […]» (Ap 21). Cfr C. NANNI, *Pedagogia*, in J. M. Prelezzo – G. Malizia – C. Nanni (curr.), *Dizionario di scienze dell'educazione,* LAS, Roma 2008², 851; cfr F. PESCI, *Educazione senza vittime*, CEDAM, Padova 2008, 851-861.

e per tutte le famiglie che desiderano riscoprire la bellezza e il grande valore del proprio matrimonio a partire dalla celebrazione del matrimonio stesso.

Come è noto la pedagogia è la disciplina che studia i problemi relativi all'educazione e alla formazione dell'uomo, allo scopo di indicare i principali metodi su cui modellare la concreta prassi educativa.

La mistagogia è l'iniziazione ai misteri celebrati. Coloro che sono stati iniziati, attraverso una celebrazione liturgica, vengono progressivamente guidati a penetrare il Mistero ricevuto affinché ne comprendano il grande valore.

Quando allora parliamo di itinerario pedagogico-mistagogico intendiamo identificare nell'ambito dell'iniziazione ai misteri una concreta prassi educativa che consente alle giovani coppie di sposi e alle famiglie di appropriarsi pienamente della nuova identità che hanno assunto: *Chiesa domestica.*

Celebrare è anzitutto un'azione fatta di acclamazioni, canti e movimenti previsti o del tutto spontanei. Sono gesti particolari che creano un linguaggio caratteristico dove la parola esprime il senso profondo della festa.

Quando la celebrazione è vissuta in assoluta verità, coloro che la vivono tornano alla quotidianità rinfrancati e ricaricati perché hanno riscoperto il senso per cui vivere.

Nella celebrazione il soggetto che agisce è sempre la Chiesa, assemblea riunita nell'amore del Padre dove ognuno ha uno specifico

---

[6] Il termine mistagogia deriva dal greco *mysterion* e *ágô*. *Mysterion* sembra risalire alla radice indoeuropea *myo*, indicante il dito posto sulle labbra per intimare il silenzio. Da qui abbiamo il verbo *myein*: chiudere occhi e orecchie. Da *myo* deriva anche *mystés*, un "iniziato", di per sé il Vescovo, e per mandato del Vescovo anche il Presbitero e il Diacono che dovrà condurre, *ágô*, gli altri *mystai*, gli iniziati, sempre più dentro il Mistero ricevuto, ma in modo continuo, instancabile, assiduo, in continua crescita spirituale. Cfr D. SARTORE, *Mistagogia*, in D. Sartore – A. M. Triacca – C. Cibien, (curr.), *Dizionario di Liturgia,* San

ministero. Si celebra perché ciò che si compie ha un doppio valore: umano e divino. La Parola di Dio illumina e trasforma il senso ultimo della nostra vita, quindi del matrimonio. Il *contenuto* della celebrazione, è Cristo morto e risorto, in altre parole il mistero pasquale. Il *come* si celebra, è caratterizzato da gesti, parole e atteggiamenti.

Ogni rito è costituito da un ripetersi costante di elementi che introducono nella celebrazione, evidenziano l'alternanza di momenti forti e momenti deboli, dicono che la celebrazione è finita. Il tutto è vissuto in un clima di grande festa il cui vero soggetto è la vita ossia il mistero che noi siamo e sentiamo.

Possiamo affermare che il cuore della festa nuziale, ma anche di ogni festa, è la celebrazione nella quale la comunità vive l'evento che l'ha costituita e il mistero che l'alimenta. Gli sposi nel loro matrimonio vivono l'evento che li costituisce coppia, Gesù, lo sposo, che dà tutto se stesso per la sua sposa, la Chiesa.

Il linguaggio adatto che si usa per comunicare esperienze che ci toccano nel profondo è quello simbolico che mette insieme verità e storia.

Dio stesso manifestandosi all'uomo lo ha fatto attraverso un linguaggio simbolico che nella sua universalità evoca in ciascuno un'esperienza personalissima, unica, irripetibile. L'Incarnazione ha reso possibile che l'umana parola possa intendere e trasmettere l'eterna Parola di Dio.

Nella celebrazione l'incarnazione è resa viva, efficace. Essa si serve dei gesti, degli spazi che riflettono la quotidianità della vita e li carica di un messaggio ulteriore per renderli sacramento dell'incontro con il Risorto che fa nuove tutte le cose.

Paolo, Cinisello Balsamo (MI) 2001, 1208-1215.

Nella festa, nella celebrazione, i vari segni sono disposti in modo tale da creare delle sequenze che chiamiamo riti. In altre parole un linguaggio simbolico che realizza l'incontro tra Dio e l'uomo; infatti, le varie parti del rito del matrimonio, esprimono simbolicamente l'unirsi sponsale secondo un progetto che viene da Dio.

Nella celebrazione del matrimonio entrano in gioco vari elementi e linguaggi che ci permettono di identificare due codici comunicativi: *il codice verbale* (le parole, la Parola) che ha la funzione di introdurre, spiegare, proclamare, lodare, ringraziare, invocare, supplicare, acclamare, professare (...) attraverso le monizioni, le letture, i canti, le invocazioni, la professione di fede, il silenzio; e *il codice non verbale*, dove ritroviamo il linguaggio del corpo, gli oggetti, il luogo, il tempo[7].

Quest'ultimo – il tempo – per molti antichi era considerato una divinità che divorava i figli che partoriva. Una sensazione che oggi alberga nei cuori di molti che vivono con l'impressione di essere mangiati dal tempo. Ma il nostro cuore è troppo grande per essere bloccato da una rigida sequenza di ieri, oggi e domani. C'è un segreto desiderio di *vivere* il tempo, non di subirlo, di *abitarlo*, non da stranieri quasi spaesati, ma di *sentirlo* come ambiente amico nel quale viviamo e costruiamo.

Noi siamo fatti per la vita, che vogliamo piena, ricca di presenze e di incontri. Ogni coppia porta in sé questo arcano desiderio e la celebrazione del matrimonio è la concretizzazione di questo anelito ed insieme il primo

---

[7] Per quanto riguarda i codici comunicativi faccio riferimento allo studio che in merito ha realizzato P. SORCI, *Il linguaggio non verbale nella celebrazione del matrimonio*, in ID. (ed.), *La celebrazione del matrimonio cristiano. Il nuovo rito nel contesto delle attuali problematiche culturali e sociali*, Il pozzo di Giacobbe, Trapani 2007, 103-122.

momento di entrata in un tempo nuovo: quello della nuzialità[8].

Memoria e attesa sono due elementi che caratterizzano la vita dei cristiani. Fin dal loro primo incontro gli sposi fanno memoria e attualizzano l'incontro tra Dio e la prima coppia, poi di Dio con Israele e, infine, di Gesù con la Chiesa sua sposa. Questa memoria rende attuale quell'incontro nell'attesa di una comunione profonda che trova piena manifestazione con l'inaugurazione del Regno.

Il tempo è la culla che ospita la vita degli sposi che ritrova nella celebrazione delle nozze il suo significato e il suo futuro.

Dicevamo, poco prima, che il cuore delle nozze è la celebrazione liturgica. Quando facciamo riferimento ad un organo umano come il cuore, per esprimere il significato profondo di ciò che si sta celebrando e vivendo, dobbiamo aver ben chiaro la funzionalità di esso.

Il cuore, che è un muscolo del corpo umano, attraverso la sua funzionalità rende possibile l'esistenza di un essere, infatti, è grazie al cuore che il sangue raggiunge le estreme periferie del corpo con l'obiettivo di ossigenarlo e nutrirlo. Se venisse meno un altro organo del corpo lo si potrebbe sostituire o in modo naturale con una sorta di compensazione, o in modo artificiale con l'utilizzo dei farmaci, o in ultima istanza con il

[8] La categoria di nuzialità è più ampia del *tempo nuovo* a cui ci riferiamo in questo contesto, è categoria onnicomprensiva del progetto relazionale e d'amore tra Dio e l'umanità in Cristo. «Negli ultimi anni tale concetto è stato rielaborato da un gruppo di teologici riuniti intorno al Pontificio Istituto Giovanni Paolo II per studi su Matrimonio e Famiglia dell'Università Lateranense, in primo luogo da mons. Angelo Scola suo preside dal 1997 al 2002, a partire dalle catechesi del papa Giovanni Paolo II sull'amore umano. Il concetto è stato poi ripreso in modo sistematico anche da altri docenti, tra cui Melina, Ouellet, Marengo, in un'area che va dall'Antropologia Teologica alla Teologia Morale e Sacramentale. È stato ripreso anche dal prof. Grygiel in chiave filosofica». G. PETRINI, *Appunti sul concetto di nuzialità*, in G. Marengo e B. Ognibeni (curr.), *Dialoghi sul mistero nuziale*, LUP, Roma 2003, 285-286.

trapianto. Ciò non si può dire del cuore la cui funzionalità è essenziale anche quando è necessario operare il suo trapianto.

È un'evidenza che il cuore per un essere umano è di vitale importanza, ne consegue che quando identifichiamo la celebrazione delle nozze come il cuore della vita nuziale di una coppia non si può fare a meno di rendere quel momento celebrativo la sorgente inesauribile che alimenta la vita della coppia e della famiglia.

Stando così le cose per la famiglia è arrivato il momento di recuperare la ricchezza della metodologia pedagogica utilizzata dai Padri della Chiesa. Essi ci insegnano, in riferimento all'iniziazione cristiana, che ci sono diversi tempi da vivere proposti ai neofiti che hanno chiesto di diventare cristiani. Analogamente dobbiamo iniziare a pensare e ad agire per il sacramento del matrimonio. A suo riguardo nella FC vengono evidenziati tre principali momenti: un tempo remoto (il tempo della crescita), un tempo prossimo (il tempo del fidanzamento), un tempo immediato (la celebrazione vera e propria del matrimonio)[9]. Ma non va dimenticato che esiste anche un quarto momento: il tempo mistagogico. In relazione al matrimonio questo è il tempo più disatteso per diversi motivi ma soprattutto perché tanti sono stati gli auspici di sviluppo su di esso ma pochissimi le reali attuazioni.

Nella *Presentazione* al rito fatta dalla CEI troviamo la seguente indicazione:

> «Se il matrimonio costituisce un momento propizio per riscoprire e sviluppare la vocazione battesimale, non si deve pensare che questo si esaurisca con la celebrazione. Esso investe tutta l'esistenza degli sposi, che sono chiamati, giorno dopo giorno, ad accogliere e valorizzare la grazia che scaturisce dal sacramento, traducendo nei

[9] GIOVANNI PAOLO II, FC in EdF, 674-680, 181-183.

gesti e nelle parole della vita quotidiana ciò che essi sono diventati in forza dell'intervento dello Spirito»[10].

Sono proprio i vescovi stessi a chiedere la riscoperta e lo sviluppo della vocazione battesimale, ossia la vocazione alla santità che con il matrimonio si è chiamati a vivere insieme a partire dalla celebrazione nuziale. Occorre infatti che la grazia, per sua natura espansiva e comunicativa che scaturisce dalla celebrazione sacramentale, sia concretizzata con gesti e parole della vita quotidiana.

Continuando, al n. 9 della *Presentazione*, si afferma che «la benedizione nuziale, vera epiclesi sugli sposi, li inserisce per tutta la vita nel circuito dell'amore Trinitario». Ne consegue che il «prendere coscienza di questa partecipazione», nella gratitudine al Signore attraverso una quotidiana fedeltà all'amore, «è il cammino mistagogico che caratterizza tutta la loro vita»[11].

L'accompagnamento mistagogico «è necessario per rafforzare la capacità di dialogo tra gli sposi» che devono essere aiutati da una costante relazione con le altre coppie di sposi per rendere così tutti «coscienti e responsabili del proprio ruolo nella Chiesa e aiutarli a vivere il loro ministero in armonica collaborazione con tutti gli altri ministeri»[12].

Il rito pertanto risulta lo strumento adeguato per un itinerario mistagogico. Un aiuto del tutto particolare, come vedremo, viene inoltre dal LM.

Nel *Direttorio di pastorale familiare per la Chiesa in Italia* viene raccomandato che gli itinerari di fede per le giovani coppie «siano il più

[10] RM, *Presentazione*, CEI (cur.), LEV, Roma 2004, 9, 15.
[11] Cfr *Loc. cit.*

possibile impostati come riflessione mistagogica, cioè come proposta in grado di aiutare i giovani sposi a fare memoria del dono della grazia ricevuta nel giorno del matrimonio»[13].

Proseguendo, nello stesso numero del *Direttorio,* viene evidenziata la necessità di aiutare le giovani coppie a «riconoscere e vivere la propria nativa e insopprimibile vocazione all'unità». Per questo vanno educati a coltivare una profonda unità spirituale che sia rispettosa della singolarità di ciascuno. Avendo ben chiaro che quando parliamo di *unità spirituale* facciamo riferimento alla capacità di entrambi i coniugi di farsi condurre dallo Spirito Santo. I coniugi vanno aiutati a scoprire la grande responsabilità nei confronti della vita e della sua educazione facendo riferimento «alla grazia educativa connessa con il sacramento del matrimonio»[14].

I vescovi italiani altrove affermano:

> «Il cammino della formazione per tanto non può esaurirsi con la celebrazione del sacramento. Deve invece continuare in forma mistagogica soprattutto nei primi anni di matrimonio, affinché gli sposi, vivendo le diverse tappe della loro storia, scoprano in modo nuovo la ricchezza del sacramento che hanno celebrato»[15].

A partire da queste esplicite indicazioni, oltre che dall'esperienza fatta, emerge la necessità di studiare il rito in vista dell'elaborazione di un itinerario mistagogico per le giovani coppie di sposi. Dal rito è possibile evidenziare due codici linguistici che già abbiamo avuto modo di accennare: uno *verbale* e uno *non verbale* e sono proprio questi due codici i binari sui

---

[12] Cfr *Loc. cit.*

[13] CEI, *Direttorio di pastorale familiare per la Chiesa in Italia*, 103, Roma 2003, 101-102.

[14] Cfr *Loc. cit.*

[15] Id., *Celebrare il «mistero grande» dell'amore. Indicazioni per la valorizzazione del nuovo Rito del matrimonio*, Paoline, Milano 2006, 65.

quali far correre il treno della pedagogia mistagogica.

Nel primo capitolo prenderemo in esame i linguaggi *non verbali*, attraverso lo sguardo storico, cercando di rileggerli in chiave mistagogica. Ci porremo le domande: ma questi segni posti durante la liturgia del matrimonio hanno ancora qualcosa da dire alla nostra quotidianità di marito e moglie, genitori e figli? Sono utili a far sì che ci possa essere una crescita globale dell'intera famiglia?

Il secondo capitolo, analizzando il codice *verbale*, ci permetterà di dare voce sia alla Parola di Dio sia a quella dell'uomo. Dall'inizio alla fine tutto il testo liturgico è un continuo intreccio di queste *parole* che esprimono da un lato il progetto di Dio per l'uomo e la donna, dall'altro le attese dell'uomo che, in una *sana incoscienza*, si materializzano in un una eterna promessa. Anche qui non mancheranno domande: cosa ha ancora da dire oggi Dio a una società dove valori fondamentali, come l'unità e l'indissolubilità, sembrano ormai eclissati? Si può ancora pensare o addirittura parlare del desiderio di eternità, di felicità, di amore tra due giovani vite oggi?

Questo ed altro, come vedremo, ci aiuteranno a delineare un itinerario pedagogico in chiave mistagogica che, nelle considerazioni conclusive, ci darà la possibilità di superare la tentazione di ridurre un cammino di fede a pochi incontri pre-matrimoniali e quindi aprire delle piste-guida per un percorso che duri tutta la vita e che veda i coniugi, anche con l'arrivo dei figli, i principali ed insostituibili *educatori alla salute*[16] personale ed altrui.

---

[16] A riguardo faccio riferimento alla trattazione che la dottoressa M. L. Di Pietro in questi ultimi anni sta sostenendo non solo in ambito accademico ma anche in tutti i luoghi dove continuamente interviene. Per ulteriori approfondimenti cfr M. L. DI PIETRO, *Bioetica e famiglia*, LUP, Città del Vaticano 2008, 59-84.

Capitolo I
La pedagogia mistagogica alla luce dei codici non verbali del nuovo rito

1. Il linguaggio simbolico nella liturgia

S. Benedetto da Norcia nel capitolo diciannovesimo della sua Regola afferma che quando si partecipa all'ufficio divino il nostro animo deve essere in armonia con la nostra voce[17], un principio che trova formulazioni simili in sant'Ambrogio[18] e sant'Agostino[19].

Questa caratteristica essenziale della liturgia non è una traduzione in gesti e azioni di una teoria o di una dottrina, ma un'azione, fatta di parole e gesti, con cui si fa memoria, si contempla, si sperimenta il mistero pasquale di Cristo, per esso si rende grazie, e di esso, per opera dello Spirito Santo, si implora il compimento.

Tale azione è compiuta con il corpo vissuto, che coinvolge posture, atteggiamenti, movimenti, gesti, sensi; un'azione che vuole trasformare le idee e la vita. È un'azione da compiere e dalla quale lasciarsi prendere, prima e più che un problema da capire.

---

[17] «Noi crediamo che Dio sia presente ovunque e che "In ogni luogo gli occhi del Signore scrutano i buoni e i malvagi", e di questo dobbiamo esserne assolutamente certi soprattutto quando partecipiamo all'ufficio divino. Ricordiamoci sempre, perciò, di quanto dice il profeta: "Servite il Signore con timore", e ancora "A te voglio cantare davanti agli angeli". Riflettiamo dunque su come dobbiamo comportarci al cospetto della divinità e dei suoi angeli, e quando partecipiamo all'ufficio divino il nostro animo sia in armonia con la nostra voce»: SAN BENEDETTO, *La regola*, Giorgio Ricasso (cur.), trad. italiana di Dorino Tuniz, San Paolo, Cinisello Balsamo (Mi) 2001, 58-59.

[18] AMBROGIO, *I Misteri*, IX, 53, in ID., *Opera Omnia* 17, Città Nuova, Roma 1992, 165.

[19] AGOSTINO, *Sermone*, 227, in ID., *Opera Omnia*, *Discorsi* 32/1, P. Bellini – F. Cruciani –

Con ciò non si vuole rinunciare all'intelligenza della liturgia, ma liberarsi dall'illusione che si possano comprendere le ricchezze di una esperienza con una spiegazione preliminare.

La liturgia è un rito, un'azione simbolica fatta di parole e gesti, ripetitiva, comunitaria, che obbedisce a un programma e permette la partecipazione del gruppo, che coinvolge la corporeità e si ricollega a un evento archetipo e ad un futuro escatologico, che permette di gestire situazioni nelle quali la posta in gioco è tale e così difficile da esprimere, che si celebra con un'azione simbolica di gruppo. Questo evento archetipo, per la fede cristiana è il mistero pasquale di Cristo, nel quale sono state realizzate la perfetta santificazione e la pienezza del culto e la comunità celebrante è la Chiesa popolo di Dio e corpo di Cristo articolata nei suoi vari ministeri.

La liturgia ha una legge propria che non consiste nel dire quel che si fa, ma nel fare quel che si dice[20].

Facendo riferimento agli studi di Pietro Sorci, possiamo identificare nove codici di linguaggio simbolico:

- Codice verbale o parola in atto: lettura, invocazione, acclamazione, orazione, parola performativa;
- Codice sonoro: silenzio, il tono della voce, le pause, le esclamazioni, il canto e la musica;
- Codice prossemico: la vicinanza e l'orientamento dei luoghi e delle persone, in quanto elementi che indicano il modo di stare uno di fronte all'altro;

V. Tarulli (curr.), NBA, Roma 1984, 391.

[20] Cfr A. M. C. BURLINI, "Nuovi elementi simbolico-rituali: memoria del battesimo, venerazione del Vangelo, consenso, consegna della Bibbia", in *Rivista Liturgica* 91/6 (2004), 1045.

- Codice cinesico: movimenti del soggetto celebrante, incedere, inchinarsi, inginocchiarsi;
- Codice iconico, o funzione rappresentativa degli oggetti che contribuiscono a realizzare una determinata relazione comunicativa;
- Codice ottico: segnali luminosi, colori;
- Codice tattile, o interazione simbolica con le persone e le cose;
- Codice olfattico, o capacità degli odori di trasmettere emozioni e messaggi sulla base di standard culturali;
- Codice gustativo, ossia il valore che il mangiare e il bere possono avere sotto il profilo di un'azione che in modo più o meno esplicito coinvolge il gusto[21].

Tutti questi codici coinvolgono tutta la corporeità dell'uomo e i suoi sensi: la vista, l'udito, il tatto, l'odorato, il gusto, per rendere possibile l'esperienza indicibile del mistero di Cristo.

Tralasciando, ora, il codice verbale, che tratteremo nel prossimo capitolo, procediamo all'approfondimento del codice non verbale prima nella tradizione e poi nell'attuale rito italiano.

2. I codici non verbali nella ritualità nuziale della tradizione

La celebrazione delle nozze, presso tutti i popoli e tutte le religioni, ha goduto sempre di una ricchissima ritualità, in cui forse più che in ogni altra

---

[21] P. Sorci, *Il linguaggio non verbale nella celebrazione del matrimonio*, cit., 104-105; cfr G. Bonaccorso, "Il culto di Dio nei gesti dell'uomo", in *Rivista Liturgica* 83 (1996), 637-657; cfr S. Maggiani, "Il linguaggio liturgico", in Pontificio Istituto Liturgico sant'Anselmo (cur.), *Scientia Liturgica*, vol. II, Piemme, Casale Monferrato, 1998, 231-263.

celebrazione i codici comunicativi sono coinvolti[22].

Come ogni rito di passaggio, anche quello del matrimonio, è caratterizzato da tre principali momenti che con la FC possiamo così elencare: un tempo remoto (il tempo della crescita), un tempo prossimo (il tempo del fidanzamento), un tempo immediato (la celebrazione vera e propria del matrimonio)[23].

Col tempo, come per i riti dell'iniziazione cristiana, anche per quelli nuziali si è verificata la concentrazione di tutti i riti nell'immediatezza della celebrazione del matrimonio.

In questo paragrafo presento alcune espressioni del linguaggio non verbale limitandomi alla liturgia cristiana, che porta un bagaglio ricco di costumi sia dei popoli in cui la fede si è inculturata sia della tradizione biblica di cui è erede[24].

2.1 La congiunzione delle destre

Essa viene ampiamente figurata nei monumenti della letteratura pagana e cristiana, affonda le radici nelle antiche tradizioni giudaiche e pagane. Pensiamo alla storia narrataci dal libro di Tobia (7, 15)[25]. Forse

---

[22] Cfr P. DACQUINO, *Storia del matrimonio cristiano alla luce della Bibbia*, Elle di Ci, Leumann 1984.

[23] GIOVANNI PAOLO II, FC, cit., 674-680, 181-183.

[24] A riguardo per un ulteriore approfondimento è possibile confrontarsi con i seguenti autori: E. ORVIETO RICHETTI, *La sposa e lo sposo. Il matrimonio nella tradizione ebraica*, Giuntina, Firenze 2005; P. SORCI, *Il linguaggio non verbale nella celebrazione del matrimonio*, cit.; cfr J.-B. MOLIN, *Symboles, rites et textes du mariage au moyen âge latin*, in G. Farnedi (cur.) *La celebrazione cristiana del matrimonio. Simboli e testi*. Atti del secondo congresso internazionale di liturgia (Roma 27-31 maggio 1985), ISBN, Roma 1986, 107-128; cfr L. CROCIANI, *Riti nuziali nel mondo latino occidentale*, Cantagalli, Siena 2001, 139-202.

[25] Cfr K. RITZER, *Le mariage dans les Églises chrétiennes du Ier au XIe siècle*, Editions du Cerf, Paris 1970, 55-56.

deriva dalla consegna della sposa allo sposo da parte del padre[26]. Nel medioevo il posto del padre viene preso dal sacerdote.

Il tempo passava e con esso si accresceva la comprensione che il matrimonio non era da considerare un contratto stipulato dai genitori piuttosto era un evento della vita degli sposi.

Di questo cambiamento è prova il cambio del significato simbolico del gesto della stretta di mano che da forma principale di un contratto è passata a significare l'impegno formale tra gli sposi. Tale gesto viene già significativamente attestato dalla lettera ai Galati (2, 9) che lo chiama segno di comunione. Alla luce della lettera paolina la congiunzione delle mani durante la celebrazione del matrimonio è compresa come consenso scambievole e promessa di fedeltà reciproca[27].

In certe regioni mentre le destre erano unite, le sinistre stavano alzate verso le reliquie dei santi in segno di giuramento[28].

Altro simbolo importante, che era rappresentativo della partecipazione della Chiesa a tale evento, era la stola del sacerdote che veniva posata sulle mani congiunte degli sposi richiamando la benedizione trinitaria o la benedizione di Tobia[29]:

> «Benedetto sei tu, Dio dei nostri padri, e benedetto per tutte le generazioni è il tuo nome! Ti benedicano i cieli e tutte le creature per tutti i secoli! Tu hai creato Adamo e hai creato Eva sua moglie, perché gli fosse di aiuto e di sostegno. Da loro due nacque tutto il genere umano. Tu hai detto: non è cosa buona che l'uomo resti solo;

---

[26] Ancora oggi, secondo le consuetudini e le tradizioni italiane e non solo, si dice: chiedere la mano.

[27] Cfr B. KLEINHEYER, *Riti riguardanti il matrimonio e la famiglia*, in AA. VV., *Liturgia della Chiesa. Manuale di scienza liturgica*, vol. 9, Elle di Ci, Leumann 1994, 154.

[28] Cfr P. SORCI, *Il linguaggio non verbale nella celebrazione del matrimonio*, cit., 107.

[29] *Ibid*, 106-107.

facciamogli un aiuto simile a lui. Ora non per lussuria io prendo questa mia parente, ma con rettitudine d'intenzione. Dègnati di avere misericordia di me e di lei e di farci giungere insieme alla vecchiaia» (Tb 8, 5b-7).

Mi è sembrato opportuno riportare per intero tale preghiera perché esprime con grande semplicità l'amore umano di due persone, le quali dovevano fare i conti con la realtà della morte che aveva colpito i precedenti mariti di questa donna.

Soltanto nei secoli XV e XVI, compare la formula sacerdotale: *Ego coniungo vos*...[30].

2.2 Il velo sugli sposi

La velazione degli sposi è il gesto simbolico più antico dopo la congiunzione delle destre, tanto importante nella tradizione romana da aver dato il nome all'intero rito nuziale: *velatio o nuptiae* da *nubere* (velare). Deriva non dal *flammeum* romano come molto spesso si dice, ma dal baldacchino (*huppah*)[31] giudaico, sotto il quale gli sposi già all'epoca del NT si scambiavano il consenso e ricevevano le sette benedizioni.

Diversi sono coloro che, in modo autorevole attestano tale usanza: papa Siricio (384-399) che la mette in relazione con la benedizione sacerdotale; Ambrogio di Milano (339-397); Paolino di Nola (355-431) che fa imporre il velo su ambedue gli sposi durante la preghiera di

---

[30] *Loc. cit.*

[31] Il rito del matrimonio ebraico si svolge in due momenti. Un tempo separati, ora si celebrano uno dopo l'altro. Nel primo, detto *qiddushim* (santificazione, consacrazione), lo sposo riserva giuridicamente a sé la donna come moglie, consegnandole l'anello e pronunciando le formule di consacrazione. Il secondo, noto come *huppah* (baldacchino), si svolge sotto un baldacchino simbolo della camera nuziale, il luogo sacro della fecondità. Cfr K. RITZER, *Le marriage*, cit., 57-62.

benedizione[32].

Non sono mancate anche fuori dall'Italia testimonianze a riguardo; infatti, per tutto il medioevo durante la solenne benedizione un grande drappo nuziale (*pallium, pannum, mappa, linteus*) è tenuto da due o quattro persone sul capo degli sposi, a significare che ambedue costituiscono la Chiesa sposa di Cristo.

In modo particolare mi sia concesso di fare riferimento alla mia regione ecclesiale, la Sicilia, dove tale uso è attestato già dal *Missale secundum consuetudinem Gallicorum et Messanensis ecclesiae* del 1499, che si manterrà sino al secolo XX[33].

Altrove, in molte regioni dell'Italia, un velo più leggero (*velum, velamen, stola*) è posto sul capo della sposa e sulle spalle dello sposo, o anche sul capo e sulle spalle di ambedue[34].

L'imposizione del velo è attestata dal rituale romano di Alberto Castellani. In Spagna al velo si aggiunge un cordone, (*iugale*) che unisce il collo degli sposi[35].

Il significato del velo del rituale di Chartres del 1580, opera del vescovo Nicola di Thou, è indicato in questi termini: «serve a mostrare che, uniti dallo stesso amore legittimo e onesto, essi devono perseverare

---

[32] Cfr P. SORCI, "La velazione e l'incoronazione", in *Rivista Liturgica* 91/6 (2004), 1052-1054.

[33] Cfr ID., *Il linguaggio non verbale nella celebrazione del matrimonio*, cit., 108. In Sicilia, dove numerosi erano gli ebrei sino al 1492 quando il re Filippo II li espulse da tutto il suo regno, ancora nel secolo XVI il matrimonio fu celebrato sotto il baldacchino, derivato della *huppah* giudaica, e nel secolo XVII identificato con il baldacchino della processione eucaristica e addirittura con il suo sostituto, cioè l'ombrella eucaristica, uso vietato a Catania da un sinodo del 1623, degradato sino ad arrivare al velo omerale che sino al 1920 a Cefalù veniva steso sugli sposi. Cfr C. VALENZIANO, *Costanti e varianti in celebrazioni coniugali di culture cristiane*, in AA. VV., *La celebrazione del matrimonio* cristiano, Dehoniane, Bologna 1977, 356.

[34] Cfr B. KLEINHEYER, *Riti riguardanti il matrimonio e la famiglia*, cit., 169.

[35] Cfr P. SORCI, *Il linguaggio non verbale nella celebrazione del matrimonio*, cit., 108.

lealmente sotto lo stesso tetto e considerare tra loro tutto comune»[36].

Ma il significato più ovvio è quello derivante dalla Scrittura, come simbolo dello Spirito Santo che avvolge gli sposi con la sua ombra.

2.3 L'anello

I gesti visti sino ad ora: la congiunzione delle mani, l'estensione del velo sugli sposi e l'imposizione delle corone, che vedremo più avanti, non durano oltre la celebrazione. Abbiamo invece altri simboli che perpetuano il ricordo e richiamano, ai coniugi, gli impegni presi. Il più antico, che ancora resiste, è l'anello. Esso si configura come una corona, in formato piccolo, ma, a differenza della corona, poi viene portato in permanenza[37].

Mentre all'inizio presso i romani l'anello era l'attributo del fidanzamento, successivamente nel Medioevo, quando il fidanzamento divenne matrimonio, l'anello passò a quest'ultimo. Per alcuni paesi inizialmente l'anello era uno solo, quello che lo sposo dona alla sposa, mentre in altri da tempo immemorabile c'è un anello anche per lo sposo[38].

Nei rituali l'anello è considerato il *signaculum fidei* simbolo d'amore scambievole e di fedeltà, segno del legame e della fedeltà promessa. Esso è stato, anche, considerato in chiave allegorica: l'anello per la sua forma rotonda indica l'unione indissolubile, mentre la sonorità dell'oro di cui è fatto significa l'amore causa di pace che deve restare sempre giovane[39].

---

[36] Citato da *Loc. cit.*

[37] Sul simbolismo dell'anello cfr C. VALENZIANO, *Costanti e varianti in celebrazioni coniugali di culture cristiane*, cit., 318-322.

[38] Cfr P. SORCI, *Il linguaggio non verbale nella celebrazione del matrimonio*, cit., 109.

[39] *Loc. cit.*

2.4 Le "carte" nuziali

Dobbiamo risalire all'antichità che ci attesta la lettura e la consegna della carta nuziale, certamente vestigio della *Ketubah* giudaica (già presente in Tb 7, 14)[40].

A tal proposito oltre alla testimonianza che ci perviene da vari autori, come Agostino, abbiamo monumenti antichi e miniature medioevali che rappresentano spesso lo sposo che durante la congiunzione delle destre tiene nella mano sinistra il rotolo della carta nuziale. Le leggi romane del basso impero, le legislazioni borgognesi e visigote e le false decretali del secolo IX, divenute leggi canoniche nei secoli X e XI, prescrivevano una dote stabilita dal marito in favore della moglie per garantirla in caso di vedovanza. L'archivio della cattedrale di Bari conserva una carta nuziale datata del 1028. A partire dal secolo XII, a poco a poco la carta cadde in disuso, conservandosi soltanto in alcune regioni[41].

2.5 Il denaro consegnato alla sposa

La consegna del denaro alla sposa è un uso diffuso sino alla fine del secolo XIX e ancora oggi in molti rituali delle Chiese africane. Ha assunto una doppia simbologia: ripagare simbolicamente la famiglia per la perdita di ciò che aveva di più prezioso; simbolo della consegna di se stesso e di tutti i propri beni alla sposa.

Pietro Sorci fa riferimento a diversi rituali che presentano un tale uso. Il primo è quello di Arras e Cambrai. Esso fa dire allo sposo nel momento di

---

[40] Cfr K. RITZER, *Le mariage*, cit., 55-80.
[41] *Loc. cit.*

consegnare il denaro alla sposa: *De hoc argento et auro te doto, et de corpore meo te onorifico, et de me et de omnibus bonis meis quae habeo et habebo te dominam constituo*[42].

Il secondo, quello di Avignone, vedeva il marito costituire la moglie non solo signora e padrona del proprio corpo e dei propri beni, ma ministra della beneficenza: *Bona mea tibi commendo ut facias bonum pro me et animabus parentum nostrorum*[43]; poi abbiamo quello di Mende: «Ti affido le mie elemosine e le mie beneficenze»; ancora Albi: «Ti do il permesso di fare il bene per me e per le anime dei nostri genitori vivi e defunti»; infine a Béziers, alludendo al numero dei pezzi che si era soliti consegnare: «Con questi pezzi di argento io ti sposo, nel nome della santa Trinità e dei dodici apostoli, per metterti a parte dei miei beni spirituali e corporali»[44].

2.6 Il bacio nuziale

Gli sposi se lo scambiavano dopo il consenso e in certi casi ancora dopo la consegna dell'anello prima della messa. In parecchi rituali, come quello contenuto nel già citato messale *Gallicanum Messanensis Ecclesie*, invece si trova trasferito al momento dello scambio della pace prima della comunione[45].

Sotto l'influsso di S. Carlo Borromeo, i sinodi post-tridentini,

---

[42] *«Di questo argento e oro ti doto, e del mio corpo ti onorifico, e di me e di tutti i miei beni, che ho e che avrò, ti costituisco signora»*. Cfr P. SORCI, *Il linguaggio non verbale nella celebrazione del matrimonio*, cit., 110; cfr J.-B. MOLIN, *Symboles, rites et textes du mariage au moyen âge latin*, cit., 117.

[43] *«Ti affido i miei beni, affinché tu possa fare del bene a me e alle anime dei nostri genitori»*.

[44] Cfr P. SORCI, *Il linguaggio non verbale nella celebrazione del matrimonio*, cit., 110.

considerandolo non conveniente al luogo sacro, lo proibirono severamente[46].

2.7 Il pasto simbolico

In molti luoghi, uscendo dalla Chiesa, o entrando in casa, oppure la sera al momento della benedizione della camera nuziale, si ha un pasto simbolico tra i due sposi, il cosiddetto rito del pane e del vino condiviso, simbolo dell'inizio della vita coniugale. Diversi paesi lo attestano tra cui la nostra Sicilia nel *Missale Gallicanum Messanensis* nei secoli XV e XVI[47].

Naturalmente dietro questa usanza si può intravedere il chiaro riferimento alla moltiplicazione dei pani e alle nozze di Cana. La partecipazione degli sposi è considerata segno dell'amore coniugale e dell'aiuto scambievole che essi si devono.

La Germania ci fa conosce *il vino d'amore di S. Giovanni*, ottimo per accrescere la virilità all'uomo e la grazia della fecondità nella donna. Naturalmente non è questo il significato di un tale gesto perché, come vari rituali attestano, il sacerdote nel consegnare la coppa dice: «Bevete l'amore di san Giovanni nel nome del Padre, del Figlio e dello Spirito Santo»[48]. Il simbolismo è chiaro: gli sposi devono amarsi con l'amore raccomandato dall'apostolo Giovanni, lo stesso con il quale Cristo li ha amati (Gv 15, 12).

---

[45] Cfr *ibid.*, 110.
[46] Cfr A. SABA – A. RIMOLDI, *Carlo Borromeo*, in *Bibliotheca Sanctorum*, 3, Città Nuova, Roma 1963, coll. 812-850; cfr MELCHIOR-BONNET S., *Carlo Borromeo*, in F. Chiovaro (cur.) *Storia dei Santi e della santità cristiana*, 8, Le Lettere, Milano 1991, 83-87.
[47] Cfr P. SORCI, *Il linguaggio non verbale nella celebrazione del matrimonio*, cit., 111.
[48] Cfr J.-B. MOLIN, *Symboles, rites et textes du mariage au moyen âge latin*, cit., 119-120.

2.8 La benedizione della camera nuziale

Il riferimento ad essa è relativo all'atto coniugale che costituiva la vera realizzazione del matrimonio, con tutti gli effetti giuridici, mentre tutto il resto era considerato preliminare.

Il significato è espresso dalle preghiere e dai gesti. Le preghiere evocano i patriarchi e la storia di Tobia e Sara, e domandano la protezione dei santi angeli. Gli atti apocrifi di S. Tommaso si limitavano a chiedere a Dio di seminare nei cuori degli sposi il seme della vita eterna[49].

I gesti previsti sono l'incensazione, certamente evocazione del fumo con cui Tobia scacciò il demonio Asmodeo (Tb 8, 2-3), e l'aspersione con l'acqua benedetta, dal significato apotropaico, ma anche battesimale. L'orazione ne esplicita il senso: «sia allontanata dalla camera ogni incursione dello spirito del male, sia visitata dagli angeli, e la castità coniugale non sia macchiata».

Un rituale francese del 1655 spiegava che la benedizione si fa per mostrare che presso i cristiani tutto deve essere pieno di benedizione: camera, letto, mobili, bambini, e che il diavolo non deve trovarvi nulla di suo[50].

2.9 L'incoronazione

Questo rito, fondamentale per la celebrazione nuziale nelle Chiese Orientali e per alcune di quelle occidentali, va ad aggiungersi a quelli già menzionati[51].

In Israele la corona, forse originariamente riservata alla sposa (Ct 3, 11), successivamente è stata attribuita anche al marito: durante il corteo alla

---

[49] Cfr L. CROCIANI, *Riti nuziali nel mondo latino occidentale*, cit., 73-77.

[50] Cfr J.-B. MOLIN, *Symboles, rites et textes du mariage au moyen âge latin*, cit., 122.

luce delle lampade gli sposi portavano corone fatte di stoffa con ornati o più semplicemente con fiori di mirto[52], apparendo come il re e la regina di un ritrovato giardino dell'Eden (Ct 1, 12).

La corona perciò, secondo quello che ci riferisce Sorci, nonostante l'opposizione di Clemente Alessandrino e di Tertulliano che la consideravano un cedimento all'idolatria, certamente per la sua presenza nella tradizione giudaica, entrò con naturalezza nei riti nuziali cristiani. La troviamo soprattutto in oriente. La prima attestazione ci viene da Gregorio di Nazianzo[53], e soprattutto da Giovanni Crisostomo, che moralisticamente interpreta la corona come simbolo della vittoria sulle passioni[54]. E l'incoronazione, ritenuta comprensiva anche dell'antica velazione[55], è divenuta l'elemento centrale del rito nuziale in tutte le Chiese Orientali[56].

Nella Chiesa latina non sono molte le testimonianze del suo impiego. Il Papa Nicolò I nella lettera ai Bulgari dell'866, dopo aver descritto l'imposizione del velo con la solenne preghiera di benedizione, aggiunge:

---

[51] Cfr P. SORCI, "La velazione e l'incoronazione", cit., 1055-1058.

[52] Cfr P. DACQUINO, *Storia del matrimonio*, cit., 21. 31.

[53] Nella lettera all'amico Eusebio, Gregorio scusandosi di non poter essere presente alle nozze della figlia, perché infermo, ricorda che spettava al padre della ragazza di porre la corona sul capo degli sposi: "Delle altre cose occupatevi voi, e il padre incoroni la figlia come era suo desiderio. Questo, infatti, quando sono stato presente alle nozze ho prescritto: spetta ai padri di famiglia mettere le corone; a noi vescovi invece, fare le preghiere, le quali so bene che non sono limitate al luogo". G. NAZIANZO, *Epistola 231*, PG 37, col. 373.

[54] "Per questo vengono poste sul capo le corone, simbolo di vittoria, in quanto non vinti prima, accedono al talamo non sconfitti dalla libidine. Ché, se soggiogato da essa, uno si è dato alle meretrici, come potrà portare in capo la corona dopo essere stato vinto?". G. CRISOSTOMO, *Omelia IX*, 2 in 1Tm 2,9, PG 62, col. 546.

[55] Un'altra ragione della poca rilevanza che la velazione ha nei riti orientali è probabilmente il fatto che il suo simbolismo è compreso nell'imposizione della mano, su cui insistono tutti i riti, particolarmente quello assiro e caldeo.

[56] Cfr P. SORCI, *Il linguaggio non verbale nella celebrazione del matrimonio*, cit., 112-114.

«Dopo queste cerimonie, usciti dalla Chiesa gli sposi portano sul capo delle corone che si sogliono conservare sempre dentro la Chiesa. E così, celebrate le feste nuziali, essi si apprestano a condurre la loro vita comune, disponendo le cose il Signore quanto al futuro»[57].

Nelle Chiese d'Occidente, il rito presto scomparve. Tuttavia qualche testimonianza, come nella regione siciliana dove Greci e Latini hanno a lungo convissuto, la corona, in diversi modi, si è conservata a lungo.

A questi simboli sarebbe da aggiungere il bagno della sposa, molto importante nell'ambiente biblico, quale simbolo di immersione nelle acque primordiali – si pensi solo ad Ef 5, 26 che allude e trans-significa il bagno – e la veste della sposa cui allude Ap 19, 8; 21, 2[58].

3. Dalla ritualità tridentina al Concilio Vaticano II

Il rituale post-tridentino di Paolo V del 1614, di tutti i riti visti, conservò soltanto la congiunzione delle destre al momento del consenso, e lo scambio degli anelli, che a partire dal secolo XI erano diventati due, lasciando tuttavia alle Chiese locali libertà di avere un proprio rito, in cui fossero conservate le tradizioni locali[59].

Quanto previsto dal rituale avvenne raramente, perché la Congregazione dei riti, interpretò in senso restrittivo le disposizioni tridentine, quindi vigilava perché fosse adottato e custodito fedelmente il rito romano.

---

[57] Citato da *Loc. cit.*

[58] Cfr E. ORVIETO RICHETTI, *La sposa e lo sposo*, cit., 35-42.

[59] Cfr RM, *Editio princeps* (1614), edizione anastatica, introduzione e appendice M. Sodi e J. J. Flores Arcas (curr.), LEV, Città del Vaticano 2004, 592, 140.

Ne risultò un radicale impoverimento della liturgia nuziale che provocò nella tradizionale ritualità della Chiesa conseguenze nefaste per la teologia e la spiritualità del matrimonio.

Occorse attendere la costituzione SC, la quale affermò che la liturgia è azione di Cristo e della Chiesa, in cui per l'azione dello Spirito Santo si attua il mistero pasquale della morte e resurrezione di Cristo, che essa appartiene a tutta la Chiesa popolo sacerdotale e la manifesta, ed esige quindi la partecipazione piena, consapevole e attiva dei fedeli, i quali, per i sacramenti dell'iniziazione, sono popolo sacerdotale. La costituzione SC, nei nn. 77-78, ha stabilito che il RM:

- sia riveduto e arricchito, in modo che più chiaramente venga significata la grazia del sacramento e vengano inculcati i doveri dei coniugi;
- sia celebrato ordinariamente nella messa e, in ogni caso, non deve mai mancare la liturgia della parola e la benedizione nuziale;
- «Se nella celebrazione del sacramento del matrimonio qualche regione usa altre consuetudini e cerimonie degne di essere approvate, il Sacro Concilio desidera vivamente che queste vengano senz'altro conservate».
- Inoltre alla competente autorità ecclesiastica territoriale, viene lasciata facoltà di preparare un rito proprio, che risponda agli usi dei riti e dei popoli, fermo però restando l'obbligo che il sacerdote che assiste chieda e riceva il consenso dei contraenti[60].

[60] Concilio Ecumenico Vaticano II, SC, in EV, 1/131-135.

Da queste deliberazioni lette alla luce della LG e della GS, è nato il RM promulgato nel 1969[61] e, in seconda edizione tipica, riveduta ed ampliata e notevolmente arricchita anche nelle premesse, alla luce di oltre vent'anni di esperienza, nel 1990[62].

L'edizione italiana come è noto, approvata all'unanimità dai vescovi,

---

[61] RM, OCM, *Editio Typica*, LEV, Romae, 1969.

[62] RM, OCM, *Editio typica altera*, LEV, Romae, 1990. Anche soltanto riportando gli indici delle diverse edizioni non è difficile cogliere il cammino fatto per la comprensione della celebrazione del sacramento:

Rituale Romano Tridentino: *Titulus VII*	*Editio typica* *del 1969*	*Editio typica altera* *del 1990*
I. *De Sacramento Matrimonii*	*Praenotanda*	*Praenotanda*
II. *Ritus celebrandi Matrimonii Sacramentum*	I. *Ordo celebrandi Matrimonium intra missam* II. *Ordo celebrandi Matrimonium sine missa*	I. *Ordo celebrandi Matrimonium intra missam* II. *Ordo celebrandi Matrimonium sine missa* III. *Ordo celebrandi Mairimonium coram assistente laico*
	III. *Ordo celebrandi Matrimonium inter partem catholicam et non cristiana* *Preces et letiones*	IV. *Ordo celebrandi Matrimonium inter partem catholicam et partem cathecumenam et non christianam* V. *Textus varii in ritu Matrimonii et in Missa "pro sponsis" adhibendi*
		Appendices: I. *Orationis universalis specimina* II. *Ordo benedictionis desponsatorum* III. *Ordo benedictionis coniugum intra missam* *Anniversarii Matrimonii adhibendus*
III. *De Beneditione mulieris post partum.*		

è stata promulgata nel 2004[63], nella memoria dei santi Gioacchino ed Anna.

L'adattamento, come spiega la *Presentazione* dei vescovi, tenendo

---

[63] RM, cit. Anche qui è utile fare il confronto tra gli indici della *editio typica altera* dell'OCM e del RM:

Editio typica altera del 1990	*Rito del Matrimonio del 2004*
	Decreti
Praenotanda	*Presentazione*
	Premesse generali
I. *Ordo celebrandi Matrimonium intra missam*	I. *Rito del Matrimonio nella celebrazione eucaristica*
II. *Ordo celebrandi Matrimonium sine missa*	II. *Rito del matrimonio nella celebrazione della Parola*
III. *Ordo celebrandi Matrimonium coram assistente laico*	III. *Rito del Matrimonio tra una parte cattolica e una parte catecumena o non cristiana*
IV. *Ordo celebrandi Matrimonium inter partem catholicam et partem cathecumenam vel non christianam*	
V. *Textus varii in ritu Matrimonii et in Missa «pro sponsis» adhibendi:*	*Preghiere dei fedeli* *Melodie per il Rito del Matrimonio*
I. *Lectiones biblicae*	***Lezionario:*** *Decreti* *Presentazione della Conferenza Episcopale Italiana* *Prima lettura* *Seconda lettura* *Vangelo*
II. *Collectae* III. *Allae orationes ad benedicendos anulos* IV. *Orationes super oblata* V. *Praefationes* VI. Memoria sponsorum in prese eucaristica VII. *Allae orazione benedictionis nuptialis* VIII. *Orationes post communionem* IX. *Benedictiones in fine celebrationis*	
Appendices:	
I. *Orationis universalis specimina*	*Preghiera dei fedeli*
II. *Ordo benedictionis desponsatorum*	
III. *Ordo benedictionis coniugum intra Missam occasione data anniversarii matrimonii adhibendus*	*Melodie per la liturgia della Parola*

presente tra l'altro l'Esortazione apostolica FC di Giovanni Paolo II del 1981 e il *Direttorio di pastorale familiare per la Chiesa italiana* del 1993, ha voluto sottolineare il significato specificatamente cristiano del matrimonio (valore universale, sacramentalità, dimensione cristologica). La dimensione ecclesiologica (il matrimonio immagine viva del mistero della Chiesa); la presenza dello Spirito Santo, la ministerialità degli sposi e infine la gradualità del cammino di fede degli sposi[64].

4. I codici non verbali nell'edizione italiana del RM del 2004

Il rituale italiano, conservando i gesti consacrati dalla tradizione e valorizzando quelli che nella cultura odierna sono in grado di comunicare il mistero, si presenta a noi con grande linearità e ricchezza.

È capace di grande coinvolgimento mettendo in moto, sia per gli sposi sia per la comunità, tutti i codici del linguaggio simbolico della ritualità.

Tenendo chiaro in mente lo schema proposto da Sorci, già visto all'inizio del capitolo, fermiamo la nostra attenzione sui gesti previsti dal rito, con l'obiettivo di verificare come questa simbologia ha qualcosa da dire alle giovani coppie di sposi che iniziano un percorso di vita insieme.

Possiamo distinguere dei gesti primari da altri secondari. Tale suddivisione non è dettata da una maggiore o minore importanza di alcuni rispetto ad altri. I primi sono più evidenti e comunque riferibili immediatamente al rito, i secondi, meno immediati, fanno da corona ai primi.

---

[64] RM, *Presentazione*, cit., 4-8, 12-15.

Simbologia primaria:

- Accoglienza
- Processione d'ingresso e accompagnamento
- Il fonte battesimale
- L'ambone
- L'altare per la benedizione e la comunione
- La congiunzione delle destre
- L'anello
- Il canto
- Il silenzio
- La velazione e l'incoronazione
- Gli sposi icona dell'alleanza di Cristo con la Chiesa.

Simbologia secondaria:

- Le corone
- Il tempo
- Le luci e i fiori.

4.1 Accoglienza

Può essere fatta o alla porta della chiesa o al luogo preparato per gli sposi[65]. È preferibile, a mio parere, che l'accoglienza sia fatta alla porta della chiesa dove il sacerdote, rivestito dei paramenti liturgici, accoglie gli sposi, li saluta cordialmente, sottolineando la dimensione ecclesiale di quanto sta per accadere. È la Chiesa espressa nella comunità presente, che prega per i due sposi, ed è loro vicina. Vicinanza e preghiera per il presente

---

[65] Cfr RM, cit., 45-49, 31.

ma soprattutto per il futuro che i due coniugi stanno per iniziare promettendo la *comunione per tutta la vita.*

La celebrazione del matrimonio è anzitutto la celebrazione di un mistero d'amore tra Cristo e la Chiesa, e l'amore degli sposi è partecipazione ad esso per mezzo del battesimo[66].

Segue poi una processione dove gli sposi sono accompagnati, dai genitori o dai testimoni, nel luogo preparato per loro[67].

Vengono proposte tre formule di accoglienza di cui una totalmente nuova: «Carissimi, celebriamo il grande mistero dell'amore di Cristo per la sua Chiesa. Oggi N.N. sono chiamati a parteciparvi con il loro matrimonio»[68].

L'accoglienza, fatta con gioia e cordialmente, specifica il rito, è uno degli elementi fondamentali affinché la nuova unione coniugale sia sempre disponibile al farsi prossimo, non solo del coniuge, ma anche, di tutti coloro che in vario grado fanno parte della vita coniugale.

In modo particolare l'accoglienza è riferibile al dono della vita che non tarderà ad arrivare attraverso la cooperazione generativa. Essa permetterà, alla coppia, di toccare con mano la fecondità promessa nello scambio del consenso il giorno delle nozze.

Non va mai dimenticato, però, che parlando di fecondità l'orizzonte nel quale ci poniamo è ben più ampio di quello relativo alla generazione dei figli. E quando ci troviamo innanzi a problemi di infertilità o sterilità non è assolutamente compromessa la capacità generativa dei coniugi che possono

---

[66] Cfr A. M. C. BURLINI, *Nuovi elementi simbolico-rituali*, cit., 1046.

[67] Cfr RM, cit., 46, 31.

[68] *Ibid*, 54, 33; cfr D. PIAZZI, "La seconda «editio typica» dell'«Ordo celebrandi Matrimonium»", in *Rivista di Pastorale Liturgica* 167/4 (1991) 75.

esercitarla in modo diverso[69].

4.2 Processione d'ingresso e accompagnamento

La processione d'ingresso, dove gli sposi sono accompagnati dai genitori e dai testimoni[70], simboleggia il pellegrinaggio verso la casa e il santuario di Dio. Inevitabilmente dobbiamo, alla luce di ciò, proiettarci al pellegrinaggio verso la nuova dimora, la nuova casa che sarà il talamo nuziale degli sposi.

I coniugi dovrebbero ogni qualvolta che entrano ed escono dalla propria casa rivivere la dimensione che li ha avvolti quando sono entrati ed usciti dalla chiesa il giorno delle nozze. Sicuramente non ci sono le medesime caratteristiche ma c'è la cosa più essenziale: la persona che amo, che mi aspetta, che aspetto.

Il gesto dell'accompagnamento ci ricorda la necessità esistenziale di

---

[69] Nella paternità quale frutto dell'unione coniugale il desiderio di avere un figlio si integra nell'amore sponsale. Gli sposi si consegnano a vicenda ponendo le condizioni per accogliere il figlio come dono. La decisione procreativa passa attraverso la consegna sessuale. La coppia qualora fosse in uno stato di sofferenza, io auspicherei anche molto prima a monte, dovrebbe essere aiutata a distinguere la fecondità dalla fertilità. Possono esserci coppie infertili mai coppie infeconde. La fecondità della coppia non si restringe alla sola fertilità biologica ma abbraccia un vasto campo di espressioni. Può, paradossalmente, accadere che una coppia non sia tenuta ad avere figli ma non si può mai dire che esista una coppia che non sia tenuta ad amare e a vivere così la propria fecondità. Alcuni interventi tecnici che si pongono al servizio di una presunta fecondità non fanno altro che ridurre essa stessa ad essere un valore individualistico ma essa è sempre un bene che scaturisce da una relazione. Occorre prospettare il valore alto della fecondità intesa in senso ampio, può infatti esprimersi in molteplici forme di servizio alla vita. Giovanni Paolo II nella Lettera Enciclica *Evangelium vitae* esorta l'apertura all'accoglienza dei bambini abbandonati, di ragazzi e giovani in difficoltà, di persone portatrici di handicap, di anziani rimasti soli. Cfr GIOVANNI PAOLO II, Lett. Enc. *Evangelium vitae* (25.03.1995), in EdF, cit., 1193-1196, 397-398; cfr J. NORIEGA, *Generare e agire medico*, in J. Noriega – M. L. Di Pietro (curr.), *Fecondità nell'infertilità*, LUP, Città del Vaticano 2007, 127-138; cfr M. CASCONE, *Diakonìa della vita. Manuale di bioetica*, USC, Roma 2004, 151-153.

[70] RM, cit., 45, 31.

fare riferimento alla comunità nella quale siamo inseriti anzitutto come battezzati e conseguentemente come coniugi vocati nella Chiesa a servizio dell'edificazione del popolo di Dio, contribuendo alla comunione ecclesiale e alla salvezza degli altri. Se realizzano anche la salvezza personale, questo avviene attraverso il servizio degli altri[71].

I coniugi per poter esercitare appieno tale missione necessitano di testimoni credibili, mi riferisco alla comunità e in modo particolare a coppie adulte nella fede, che con l'esempio di vita indichino, nella quotidianità domestica, la via da percorrere. Sposi non si nasce, si diventa.

Questo secondo elemento proietta i coniugi nell'arduo compito dell'educazione dei figli che va considerata come una nuova generazione. Una educazione che necessita di essere integrale, evitando il rischio di delegare questa missione. Anche in questo caso possiamo affermare che genitori non si nasce ma si diventa.

4.3 Il fonte battesimale

La prima rilevante novità, del rito, è la memoria del battesimo[72]. Esso permette di fare memoria di quando, portati in braccio dalla Chiesa madre, gli sposi rinacquero, individualmente, come figli di Dio e da cui i loro figli rinasceranno membra del corpo di Cristo e come tali dovranno essere educati dai genitori e dalla comunità ecclesiale.

In quanto membri del popolo regale, profetico e sacerdotale, sono

---

[71] Cfr CCC, *I sacramenti del servizio della comunione*, LEV, Città del Vaticano 1992, 394-425.

[72] Con essa si evidenzia che il fondamento teologico del donarsi vicendevole nel matrimonio cristiano è dato dai sacramenti dell'iniziazione cristiana. La sequenza rituale prevede: monizione (52-54); benedizione dell'acqua (55); aspersione (57-58). Canto durante l'aspersione. Significativamente si dice che dove è possibile questo rito si compie al fonte battesimale. Cfr RM, cit., 45-58, 32-35.

chiamati a rendere grazie di questo dono che li ha abilitati all'amore che è partecipazione di quello di Cristo per la Chiesa. In altre parole il fonte rappresenta, per noi cristiani, il grembo materno della Chiesa.

Il fonte, quindi, si pone su due piste di percorrenza: la memoria del passato, il protendersi verso il futuro.

Fare memoria del passato, del proprio battesimo, quindi delle proprie origini, spinge i coniugi a non dimenticare la *magna quaestio: da dove vengo e dove vado?* Essi sono liberati dalla noiosa banalità che li potrebbe opprimere non appena cominciassero a vivere come se fossero immortali[73].

L'essere protesi verso il futuro chiama in causa il loro impegno a generare i loro figli alla fede, attraverso il battesimo, vivendo un nuovo travaglio che culmina nel partorirli come figli di Dio e di conseguenza a crescerli come tali.

Davanti al fonte viene pronunciata la triplice epiclesi trinitaria:

> «Padre, nel battesimo del tuo Figlio Gesù al fiume Giordano hai rivelato al mondo l'amore sponsale per il tuo popolo; Cristo Gesù, dal tuo costato aperto sulla croce hai generato la Chiesa, tua diletta sposa; Spirito Santo, potenza del Padre e del Figlio, oggi fai risplendere in N.N. la veste nuziale della tua Chiesa»[74].

Il popolo risponde con l'acclamazione: «Noi ti lodiamo e ti rendiamo grazie». L'invocazione è poi conclusa con la seguente preghiera:

> «Dio onnipotente ed eterno, origini e fonte della vita, che ci hai rigenerati nell'acqua con la potenza del tuo Spirito, ravviva in tutti noi la grazia del battesimo, e concedi a N. e N. un cuore libero e una fede ardente, perciò purificati nell'intimo accolgano il dono del

---

[73] Cfr S. GRYGIEL, *Extra Comunionem Personarum nulla Philosophia*, LUP, Roma 2002, 59-60.

[74] RM, cit., 55, 34.

matrimonio, nuova via della loro santificazione»[75].

Segue l'aspersione con l'acqua benedetta, segno della memoria del bagno battesimale e di quello con cui Cristo ha reso pura la Chiesa per unirla a sé: «[...] per renderla santa, purificandola per mezzo del lavacro dell'acqua accompagnato dalla parola [...]» (Ef 5, 26). Nell'antichità e nel mondo biblico il bagno della sposa era un momento fondamentale del rito nuziale.

Il battesimo quindi è il *lavacro nuziale* a cui è chiamata ogni persona per essere introdotta nella relazione salvifica in Cristo con Dio. *Lavacro nuziale* che introduce alla condivisione dell'amore partecipativo al banchetto nuziale eucaristico, preludio del banchetto nuziale escatologico[76].

Lo è ancor di più oggi per la vita familiare, sempre attenta ad una continua purificazione di tutto ciò che potrebbe intaccare la bellezza e lo splendore dell'amore. Sono veramente tanti i motivi che potrebbero inquinare la reciprocità familiare: da cose non dette o dette in modo sbagliato, a gesti non compiuti o compiuti in modo inappropriato.

Ecco che allora, fare memoria, l'utilizzo dell'acqua benedetta nelle pareti domestiche, diventa l'occasione per mettersi in discussione e verificare il nostro modo di porci verso i nostri cari.

Il fonte battesimale fa prendere coscienza che con il loro amore, gli sposi cristiani, rispondono ad una chiamata d'amore di Dio. Il matrimonio che celebrano, proprio perché sacramento, è innanzitutto un dono[77] che

---

[75] *Ibid*, 56, 34.

[76] Cfr F. PILLONI, *Danza nuziale – itinerario teologico e catechistico per coppie e famiglie*, Effatà, Torino 2002; cfr G. MAZZANTI, *I sacramenti simbolo e teologia*, vol. II, EDB, Bologna 1999.

[77] Cfr N. REALI, *Scegliere di essere scelti. Riflessioni sul sacramento del matrimonio*,

comporta, oltre all'accoglienza, una risposta che l'uomo da solo non potrebbe dare se non fosse divenuto figlio nel Figlio. È dal battesimo *come seme fecondo* che nasce la capacità di vivere il matrimonio come: *risposta ad una* vocazione, e come *impegno di fedeltà sempre* rinnovata[78].

Porre a fondamento della celebrazione la memoria del battesimo, evidenzia il fondamento teologico dell'atto del consenso, predispone coniugi e assemblea a comprendere il matrimonio come innesto sempre più profondo nella morte e risurrezione di Cristo, partecipazione al mistero dell'alleanza pasquale, come *dono* e *nuova via di santificazione*[79].

Attraverso questa memoria, i coniugi fondano la loro comunione di vita nell'amore e nella comunione trinitaria, diventandone icona che va: rispettata, venerata, e oserei dire, pregata.

La memoria del battesimo conduce gli sposi a rivedere la modalità di esercizio della regalità, della profezia e del sacerdozio.

Il marito pone la moglie quale regina della sua vita e viceversa; c'è una regalità di coppia ben simboleggiata attraverso l'anello nuziale. Quando si è re o regine nella vita coniugale lo si è sempre, anche quando le distanze ci allontanano, siano esse materiali o relazionali.

Il rischio di un cattivo esercizio della regalità storicamente ha portato nei nobili casati ad uno sdoppiamento della morale, in riferimento alla figura femminile, identificando la regina come l'immacolata che si doveva limitare ad essere la madre dei figli; le concubine, come l'oggetto per

---

Cantagalli, Siena 2008, 44-49.

[78] Cfr A. M. C. BURLINI, *Nuovi elementi simbolico-rituali*, cit., 1046.

[79] *Loc. cit.* ; cfr A. DAL MASO, "La revisione del rito del matrimonio, novità, cambiamenti, opportunità pastorali", in *Rivista di Pastorale liturgica* 247/6 (2004) 7; cfr A. M. TRIACCA, "Linee teologico-liturgiche in vista di una rinnovata celebrazione del matrimonio", in *Rivista Liturgica* 79/5 (1992) 625-627.

soddisfare i desideri e i piaceri del re. Che questo non abbia mai ad accadere in una vita coniugale perché sarebbe una delle ferite più dolorose da sanare e l'unica via percorribile, per operare una guarigione, è quella della misericordia.

Insieme, i coniugi, sono chiamati ad essere profeti dell'amore che li costituisce tali, cercando di viverlo nelle stesse modalità con cui Cristo ha amato la Chiesa, cioè oblativamente. A tal proposito mi sembra doveroso dare voce ai padri conciliari:

> «Il Popolo santo di Dio partecipa pure dell'ufficio profetico di Cristo col diffondere dovunque la viva testimonianza di Lui, soprattutto per mezzo di una vita di fede e di carità, e con l'offrire a Dio un sacrificio di lode, cioè frutto di labbra acclamanti verso di Lui (Eb. 13, 15)»[80].

In ultimo la missione sacerdotale che può risultare la più difficile[81]. Essa mira alla comunione non solo all'interno della famiglia, ma anche all'esterno. Attraverso l'esercizio sacerdotale i coniugi contribuiscono alla comunione ecclesiale e alla salvezza degli altri. Comunione e salvezza due obiettivi che affondano le radici nell'amore sorgivo che in Cristo si sono scambiati, come attesta il Concilio Vaticano II:

> «I coniugi cristiani in virtù del sacramento del matrimonio, con il quale significano e partecipano il mistero di unità e di fecondo amore che intercorre fra Cristo e la Chiesa (Ef. 5, 32), si aiutano a vicenda per raggiungere la santità nella vita coniugale e nell'accettazione e nell'educazione della prole, ed hanno così, nel loro stato di vita e nella loro funzione, il proprio dono in mezzo al popolo di Dio (1 Cor. 7, 7).

---

[80] CONCILIO ECUMENICO VATICANO II, LG, in EV, 1/316.

[81] Cfr S. DIANICH – S. NOCETI, *Nuovo corso di teologia sistematica.* Vol. 5: *Trattato sulla Chiesa*, Queriniana, Brescia 2005[2]. Gli autori auspicano uno sviluppo maggiore, nell'ambito ecclesiologico, della ministerialità coniugale ancora poco approfondita nella teologia attuale.

Da questo connubio, infatti, procede la famiglia, nella quale nascono i nuovi cittadini della società umana, i quali per la grazia dello Spirito Santo diventano col battesimo figli di Dio e perpetuano attraverso i secoli il suo popolo. *In questa che si potrebbe chiamare Chiesa domestica*, i genitori devono essere per i loro figli con le parole e con l'esempio i primi maestri della fede, e secondare la vocazione propria di ognuno e quella sacra in modo speciale»[82].

4.4 L'ambone

È luogo della Parola che annuncia la risurrezione, icona del sepolcro e monumento dell'ora in cui, compiuto il grande mistero, Cristo donò alla sua sposa il vino nuovo promesso a Cana.

Ordinariamente si tratta di un luogo stabile, sollevato, con una certa imponenza, arricchito con sculture, incisioni o icone. Nel recente sinodo dei vescovi sulla Parola di Dio mi è parso di cogliere, nel sentire comune dei Padri sinodali, un riconoscimento più forte di tale luogo definito la *mensa della Parola* e posto in strettissima relazione con la *mensa eucaristica*[83].

La relazione con l'ambone spinge i coniugi ad impegnarsi in un progetto di stabilità per essere riconoscibili da coloro che li guardano. Essi dovranno imparare con il tempo a rendere la propria vita coniugale e familiare imponente, ossia un solido edificio impreziosito dall'amore che reciprocamente si donano, nutrendolo costantemente alla *mensa eucaristica*.

Da esso viene proclamata la Parola che, oltre ad offrire dei contenuti, costituisce un rito, un'azione simbolica nella quale si manifesta e si rende presente tra i fedeli Cristo, contenuto ed esegeta di tutta la Scrittura. A tale

---

[82] CONCILIO ECUMENICO VATICANO II, LG, cit., 1/314.

[83] Cfr SINODO DEI VESCOVI, XII ASSEMBLEA GENERALE, M*essaggio al popolo di Dio,* proposizione 7: Unità tra Parola di Dio ed Eucaristia, in: http://www.vatican.va/roman_curia/synod/documents/re_synod_doc_20081025_elenco-prop-finali_it.htlm [ultima visita 3.06.2009].

riguardo, parleremo in modo più approfondito nel prossimo capitolo.

Segue, dopo la proclamazione, il bacio dell'evangeliario; abbiamo già parlato prima dell'importanza di tale linguaggio, ma vi si deve porre attenzione alla luce del libro dei Vangeli. L'Evangeliario viene portato agli sposi perché anch'essi, dopo la proclamazione del Vangelo e la venerazione del sacerdote, esprimano la loro venerazione. Gli sposi testimoniano così, dopo l'ascolto, l'adesione del loro matrimonio al progetto di Dio, obbedienza e volontà di assimilazione[84].

La Bibbia può essere uno dei doni offerti agli sposi alla fine della celebrazione, con l'auspicio che la Parola di Dio, alla luce dell'icona evangelica dei discepoli di Emmaus (Lc 24, 13-35), risuoni nella casa, riscaldi i cuori, illumini i passi, fortifichi l'amore e guidi gli sposi all'incontro con Cristo nell'Eucaristia[85].

4.5 L'altare per la benedizione e la comunione

Se tutta la chiesa, in quanto edificio, resta il luogo che nel tempo testimonia la veridicità della promessa coniugale, l'altare è il luogo per eccellenza. Esso non solo permette la memoria di un giorno preciso, ma rende attuale e vivo quel sì che nella partecipazione eucaristica, domenicale o quotidiana, è sempre nuovo e fresco come se fosse il primo sì detto all'amato.

Tutto ciò è possibile perché l'altare, mensa dell'eucaristia sacrificio della nuova ed eterna alleanza, è simbolo di Cristo nostro altare, sacrificio e sacerdote, centro, fonte e culmine di ogni vita cristiana, da cui gli sposi

---

[84] Cfr A. M. C. BURLINI, *Nuovi elementi simbolico-rituali*, cit., 1047.

[85] Cfr RM, cit., 95, 62; cfr A. M. C. BURLINI, *Nuovi elementi simbolico-rituali*, cit., 1049-

potranno costantemente attingere la forza e la gioia di donarsi l'un l'altro e insieme di spendersi per il mondo.

Ne consegue che l'accostarsi all'altare per la benedizione nuziale manifesta come ogni santificazione ha la propria fonte e il proprio vertice nel *Sacrificio Eucaristico*.

Anche se in modo analogico è opportuno interpretare correttamente la correlazione Eucaristia – vita coniugale[86]. Sono i coniugi che, in modo del tutto speciale, nella loro *Chiesa domestica* ogni giorno vivono un continuo rendimento di grazie, *spezzandosi e versandosi* reciprocamente l'uno per l'altro ed insieme per i figli.

Questa presa di coscienza è uno dei passi fondamentali che essi devono fare in un cammino mistagogico dopo le nozze. Altrimenti le grandi potenzialità del sacramento del matrimonio rimarranno assopite nell'attesa e nella speranza di un qualche *miracolo d'amore*.

Mi sia concesso di identificare l'altare nella vita dei coniugi con il pozzo dove attingere l'acqua viva, fresca, zampillante che Gesù offrì alla Samaritana: «Chi beve dell'acqua che io gli darò, non avrà mai più sete, l'acqua che io gli darò diventerà in lui sorgente di acqua che zampilla per la vita eterna» (Gv. 4, 14).

In riferimento alla mensa eucaristica non vanno dimenticate le offerte portate alla mensa, durante la processione offertoriale, che rappresentano i doni della creazione, frutto della fatica e del lavoro dell'uomo, posti nelle mani di Cristo, perché egli su di essi renda grazie e diventino il suo corpo e il suo sangue per la vita e la gioia di tutti gli uomini.

1050; cfr A. DAL MASO, *La revisione del rito del matrimonio*, cit., 11.

[86] Cfr BENEDETTO XVI, Es. apost. *Sacramentum caritatis*, (22.02.2007), LEV, Città del

Gli sposi, secondo le indicazioni del nuovo rito, possono fare la processione offertoriale e, simbolicamente chiedere a Cristo di rendere grazie sulle loro vite, unendole al sacrificio eucaristico, trasformandoli in un cibo nutriente per tutti coloro che vorranno nutrirsi a questa mensa.

In fine comunicandosi al corpo e sangue di Cristo gli sposi esprimono nel modo più profondo la loro unione con Cristo, e con tutto il corpo di Cristo che è la Chiesa, della quale loro insieme sono cellula e icona.

4.6 La congiunzione delle destre

Le mani sono uno dei doni che Dio ha fatto all'uomo e alla donna affinché ci sia il contatto umano fatto di carezze, abbracci, saluti, scambio di promesse e in ultimo il lavoro.

Nel Mediterraneo si è sempre privilegiato questo gesto quale espressione del patto nuziale a simboleggiare in modo stilizzato l'unione dei corpi.

Ad esso si aggiunge *la mano stesa del sacerdote*. Egli in quanto ministro della Chiesa stende la mano sugli sposi accogliendone il consenso. Si può pensare ad un gesto epicletico. Nei sarcofagi delle catacombe è facile incontrare la rappresentazione di Cristo pronubo, che congiunge le mani degli sposi poggianti sui Vangeli[87].

Infine *l'imposizione delle mani*, gesto epicletico, che significa l'implorazione dello Spirito Santo perché consacri l'amore degli sposi,

---

Vaticano 2007, 46-53.

[87] È significativa, a riguardo, una indagine, oltre che scultoria anche, iconografica e pittorica per verificare il modo attraverso cui questo simbolo è stato interpretato e rappresentato dai vari autori. Mi permetto di segnalarne il dipinto di M. Pacher, *Lo sposalizio della vergine* (1495-98), custodito a Vienna all'Österreichische Galerie.

come consacra e santifica il pane e il vino posti sull'altare, e li renda capaci di fedeltà, di condivisione e di testimonianza, trasfiguri il loro amore perché sia partecipazione e riflesso dell'amore trinitario.

4.7 L'anello

Questo segno molto antico nella tradizione dell'uomo, come vedremo subito dopo, è presente nella tradizione biblica sia dell'AT che del NT. Possiamo fare riferimento all'immagine del faraone che diede pieni poteri a Giuseppe: «Il faraone si tolse di mano l'anello e lo pose sulla mano di Giuseppe [...]» (Gn 41, 42); oppure alla parabola del figliol prodigo: «Ma il padre disse ai servi: Presto, portate qui il vestito più bello e rivestitelo, mettetegli l'anello al dito e i calzari ai piedi» (Lc 15, 22).

L'anello è segno di alleanza, di amore, di fedeltà e ricordo permanente del dono reciproco. Esso, corona in miniatura che rende gli sposi regnanti reciprocamente l'uno dell'altro, aderisce al dito della mano e manifesta continuamente agli sposi il dono che Dio ha fatto dell'uno all'altro, segno della sua presenza e del suo amore.

Quando i coniugi pongono lo sguardo sull'anello che portano al dito non possono ignorare il suo essere sim-bolo[88]. L'anello spezzato, o altri oggetti di diversa fattura, erano utilizzati anticamente quale segno identificativo di parentela o appartenenza tra coloro che a motivo di

[88] Il simbolo (il termine deriva dalla forma verbale greca *sym-ballein sym-ballo* significa mettere insieme quindi combaciare, unirsi, incontrarsi) sfugge in qualche modo alla nostra capacità di comprenderlo a pieno: «[...] è una di quelle realtà ed esperienze estremamente complesse eppure vitali, realtà indispensabili alla nostra esistenza, anche se non riusciamo a rendere ragione fino in fondo. Il simbolo ci riguarda, ci caratterizza anche se poi facciamo fatica a definirlo. Viviamo nel e del simbolo, ma non sappiamo dire fino in fondo che cosa è». G. MAZZANTI, *I sacramenti simbolo e teologia*, vol I. *Introduzione generale*, EDB,

lunghi viaggi o guerre erano costretti ad allontanarsi per, forse, rivedersi quando le sembianze fisiche, segnate dal tempo, potevano mettere in discussione il riconoscimento dell'altro. Le ferite riportate dalle due metà dell'anello potevano combaciare solo ed esclusivamente tra di loro e non con altre metà.

Proviamo ad applicare questa lettura simbolica ai coniugi. Le due metà dell'anello sono loro e, le ferite dell'anello, indicano l'appartenenza reciproca dei due. Un'appartenenza che non si può mettere in discussione soprattutto perché l'identità ultima dell'anello, cioè dei coniugi, è data dal dito, senza del quale risulterebbe difficile capire il senso di tale oggetto, che rappresenta l'Amore sorgivo: *Dio*.

È nell'incontro che ri-nasce la comunione delle persone ed in esso i coniugi recuperano il carattere poetico che spesso perdono prostrandosi alle potenze terrestri che promettono false speranze[89].

Va notato, anche, che l'anello si chiude su se stesso, non ha né inizio né fine, quindi è simbolo di unità, perfezione, fedeltà ed eternità.

Esso richiama anche la presenza dello Spirito nella relazione tra gli sposi, vincolo d'amore tra il Padre e il Figlio, tra la Chiesa e Cristo, tra lo sposo e la sposa; quindi il loro amore è al sicuro perché avvolto dall'amore trinitario. Ogni volta che nel coniuge si intravede il mistero di questo amore divino, allora l'amore sponsale è vivo, forte e gioioso perché partecipa dell'infinitezza del mistero trinitario.

Bologna 1999, 39 nota 34.

[89] È proprio nel pensiero simbolico e mitico che nasce la poesia, vale a dire il co-creare l'essere, aiutandolo a tendere all'aldilà, al quale esso è già orientato (la parola poesia deriva dal *poiein*, fare qualcosa creativamente). Cfr S. GRYGIEL, *Extra Comunionem Personarum*, cit., 72-73.

La tradizione ci consegna la consuetudine di un anello semplice di oro giallo, oggi invece si tende ad impreziosirlo in vario modo. Ciò che rende veramente prezioso l'anello è la semplicità della sua forma circolare, ciò che conta è l'amore che si riflette su di esso perché è l'amore che lo rende splendente e prezioso.

Ne consegue che non abbiamo a che fare con uno dei tanti gioielli che spesso si portano e si ostentano con leggerezza. È un simbolo forte, importante, che collega il passato col presente: ossia il rito nuziale celebrato una sola volta con la quotidianità di ogni giorno. Ricorda che le promesse che i coniugi si sono scambiate vanno rinnovate ogni giorno e per sempre. Dovrebbe nascere la sana provocazione quotidiana: sto accogliendo l'altro nella mia vita? Desidero il suo bene e la sua realizzazione? Mi sto donando totalmente all'altro? Sono fedele?

In altre parole ciò che dà valore, visibilità e credibilità all'anello è una vita vissuta, dove si incarna e testimonia ciò che esso simboleggia: l'unione e la fedeltà al proprio coniuge per sempre, fino al dono della propria vita.

4.8 La velazione e l'incoronazione

La velazione e l'incoronazione sono due gesti tradizionali del mondo biblico-giudaico e greco-romano che la liturgia cristiana ha assunto. In Occidente si privilegiò la velazione, in Oriente l'incoronazione[90].

[90] Cfr P. SORCI, *La velazione e l'incoronazione*, cit., 1051; cfr L. CROCIANI, *Riti nuziali*, cit., 141-202.

4.8.1 Il velo e la velazione[91]

Il nuovo RM prevede durante la preghiera di benedizione nuziale la possibilità dell'imposizione del velo sugli sposi.

Il velo per sua natura permette di nascondere e rivelare, filtra e protegge la personalità femminile. In quanto abbigliamento femminile significa: modestia, castità, onestà[92].

Il velo nel mondo biblico ha assunto diversi significati: nel matrimonio la femminilità matura e il velo ne è simbolo pensiamo a Rebecca all'incontro con Isacco (Gn 24, 65), o Susanna sposa di Joakim (Dn 13, 32). Poiché il velo copre e rivela, nella Bibbia, è anche simbolo del cielo steso da Dio per abbracciare e proteggere la terra (Is 40, 22), delle nubi che nascondono il Dio altissimo (Gb 22, 14) e in mezzo alle quali Dio si rivela sul monte (Es 19, 16), ma anche l'ignoranza che impedisce di vedere il volto del vero Dio (Is 25, 7), del lutto (Is 47, 2; Ez 43, 21).

Il velo attenua la luce abbagliante del roveto ardente che non si consuma (Es 3, 6) e quella che risplende sul volto di Mosè quando si è intrattenuto con Dio (Es 34, 35)[93]. Per questo nella tenda e poi nel tempio si

---

[91] Cfr E. LODI, "La benedizione nuziale, sua valenza teologico-liturgica", in *Rivista Liturgica* 79/5 (1992) 659-691. Nei luoghi dove esiste la consuetudine e altrove con il permesso dell'ordinario, si può fare la velatio. E' un rito presente nell'antica tradizione romana e in qualche modo legato anche alla tradizione ebraica (vedi nota 31). I genitori e/o i testimoni tengono disteso per tutto il tempo della benedizione il velo sponsale (bianco, con eventuale appropriato e sobrio ornamento) sugli sposi: è il segno della comunione di vita che lo Spirito, avvolgendoli con la sua ombra, dona di vivere agli sposi. Si tratta quindi di un segno che esalta l'indole epicletica della preghiera di benedizione.

[92] Per un approfondimento circa l'uso del velo da parte delle donne cfr TERTULLIANO, *De virginibus velandis. La condizione femminile nelle prime comunità cristiane*, P. A. Gramaglia (cur.), Borla, Roma 1984.

[93] Nella religione islamica la faccia di Dio è velata da settantamila cortine di luce e di tenebre senza le quali qualsiasi cosa raggiunta dal suo sguardo sarebbe ridotta in cenere. Cfr J. CHEVALIER – A. GHEERBRANDT, *Dizionario dei simboli*. Vol. II, Rizzoli, Milano 1986, 536.

nasconde il santo dei santi alla vista degli israeliti (Es 26, 31; 40, 21; Lv 16, 2; Nm 18, 7; 1 Mac 1, 22; Eb 6, 10; 10, 20). Il velo indica anche la nube luminosa che copre la tenda e la riempie quale simbolo della presenza gloriosa di Dio (Es 40, 34-38; Nm 9, 18-22; 10, 34).

Nel NT la potenza dello Spirito adombra Maria (Lc 1, 35) è la nube luminosa sul monte Tabor (Mt 17, 1-8). Pensiamo ai *cibori* che coprono gli altari, i quali simboleggiano lo Spirito invocato sui doni offerti e su chi vi prende parte.

A questa presenza sembra alludere la tradizione ebraica che faceva celebrare il rito nuziale (*nussuin*) sotto la *huppah,* un baldacchino eretto presso la sinagoga o nella casa dello sposo[94].

Il velo è l'eredità del baldacchino (*huppah*) sotto il quale gli ebrei si scambiavano il consenso e nel quale venivano pronunziati su di essi le sette benedizioni:

> «1. Benedetto tu, o Signore, Dio nostro, Re dell'universo, che hai creato il frutto della vite. / 2. Benedetto tu, o Signore, Dio nostro, Re dell'universo, che tutto hai creato per la tua gloria. / 3. Benedetto tu, o Signore, Dio nostro, Re dell'universo, che hai creato l'uomo. / 4. Benedetto tu, o Signore, Dio nostro, Re dell'universo, che, a tua immagine e somiglianza, hai creato l'uomo e hai stabilito che dal suo seme si perpetui il genere umano in eterno. / 5. Benedetto tu, o Signore, creatore dell'uomo. Di gaudio esulti la città di Sion, perché, con gioia, nel suo seno tornano i figli a raccogliersi. / 6. Benedetto tu, o Signore, Dio nostro, che gaudio porti a Sion con i suoi figli. Fa' gioire questa amorosa coppia, come facesti con coloro che tu creasti nel giardino dell'Eden. / 7. Benedetto tu, o Signore, Dio nostro, Re dell'universo, che hai creato l'allegria e la gioia, lo sposo e la sposa, la letizia ed il canto, la delizia e il piacere, l'amore e la fratellanza, la pace e l'amicizia. O Signore, Dio nostro, fa' che presto, nella città di Giuda e nelle contrade di Gerusalemme, si possano udire voci di

---

[94] Cfr P. DACQUINO, *Storia del matrimonio cristiano alla luce della bibbia*, cit., 25-26.

allegria e di gioia, voci di sposi e di spose, canti esultanti di simposi nuziali e di giovani in coro. Benedetto tu, o Signore, che fai gioire lo sposo e la sposa»[95].

Quando penso alla *velatio*, con tutta la ricchezza simbolica suddetta, non ultime le sette benedizioni della tradizione ebraica, non posso non fare riferimento all'immagine del feto avvolto nella placenta all'interno dell'utero della madre.

Sappiamo bene che la placenta è di vitale importanza perché permette il nutrimento e l'ossigenazione del feto. In modo analogo, per gli sposi, possiamo identificare il velo quale segno della presenza dello Spirito Santo che avvolge la vita dei coniugi e della famiglia fornendoli la giusta alimentazione e l'equilibrata ossigenazione.

A differenza del feto che vede il suo legame con la placenta relativa ad un tempo determinato, i coniugi vengono avvolti per un tempo indeterminato, anzi – oserei dire – questo involucro è proteso tendenzialmente ad espandersi, inglobando in esso tutti coloro che entrano in relazione con loro.

Oltre questa lettura, appena fatta, è bene ricordare che il velo richiama la tenda e la casa accogliente, come suddetto, che sono gli stessi sposi l'uno per l'altro e insieme per i fratelli. Evoca l'immagine della Chiesa domestica nella quale ci si riunisce, dove la Parola di Dio dimora, nutre e istruisce suscitando nei coniugi un rendimento di grazie.

4.8.2 Le corone

Possiamo identificare tre simbolismi principali in riferimento alla

---

[95] H. L. STRACK – P. BILLERBECK, *Kommentar zum Neuen Testament aus Talmud und*

corona: collocarla sulla testa, che è la parte più alta del corpo, indica che è un dono venuto dall'alto; la forma circolare indica la perfezione; la materia della corona, vegetale o minerale, specifica sia la consacrazione a un dio sia la ricompensa divina. La corona rappresenta: una dignità, un potere, una regalità, l'accesso a un rango o forze superiori. Se la forma di essa culmina a cupola afferma una sovranità assoluta[96].

Diverso è l'uso delle corone nelle varie culture e nei vari popoli in riferimento all'uomo, vivo o morto, ma anche in riferimento alle divinità. Diverso è anche il materiale: quercia, lauro, mirto, vite, spighe, piume o metalli di vario genere[97].

Nella tradizione ebraica e cristiana la corona si ricollega a rappresentazioni diverse. È riservata al re (Sal 21, 4), e al sommo sacerdote (Sir 45, 12). Dio, quale sovrano supremo, può incoronare uomini e popoli con le sue benedizioni (Sal 8, 8; 132, 18; Ez 16, 2); Israele è una magnifica corona nelle mani del suo Dio (Is 62, 3). I libri sapienziali indicano corona del giusto la sapienza, che è dono di Dio e conquista dell'uomo (Sir 1, 16; 6, 31; Sap 5, 16). Nell'Apocalisse i ventiquattro vegliardi portano corone che depongono innanzi al trono di Dio (Ap 4, 4-10). Cristo appare il sovrano incoronato da Dio (Eb 2, 7; Ap 14, 14); la donna vestita di sole porta sul capo una corona di dodici stelle (Ap 12,1).

Mi sembra opportuno dare voce ad alcuni riti delle Chiese Orientali, a cui si rifà il nostro rito italiano, simboleggiando nell'incoronazione la partecipazione degli sposi alla regalità di Cristo, per cogliere alcuni

---

Midrasch. Vol. I, C.H. Beck, Munchën 1922, 514.

[96] Cfr *Ibid.*, 1055.

[97] Cfr J. CHEVALIER – A. GHEERBRANDT, *Dizionario dei simboli.* Vol. I, Rizzoli, Milano 1986, 323-327.

particolari che possono aiutarci a comprendere più a fondo il significato delle corone.

Nel rito bizantino, che è sobrio e lineare, gli sposi rappresentano la corona l'uno per l'altro, infatti quando si impongono le corone il sacerdote dice: «Il servo di Dio riceve come corona la serva di Dio N.», e citando il Sal 8, 6 continua: «Signore nostro Dio, incoronali di gloria e di onore» e il lettore nel *prokímenon*[98] dal Sal 20, 4 aggiunge: «Hai posto sul loro capo corone di pietre preziose»[99].

Nel rito copto la Chiesa auspica per gli sposi l'onore e la gloria:

> «Tu che hai coronato i tuoi santi di corone imperiture, benedici queste corone [...] Siano per essi corone di gloria e di onore, di salute e benedizione, di gioia e concordia, di letizia e allegrezza, di virtù e di giustizia, di sapienza e d'intelletto e di fortezza e di stabilità [...] Incoronali di gloria e di onore. Sono degni, sono degni, sono degni. Signore poni sui tuoi servi una corona di grazia invincibile, una corona di gloria alta e possente, una corona di fede retta e inattaccabile»[100].

Nel rito siriaco, esplicito ed esuberante, dopo il canto del Sal 20, 4, fa pregare il sacerdote:

> «Gloria a colui che invia corone di gioia agli sposi e alle spose [...] Re universale, tu hai coronato tutto quanto hai stabilito, i cieli di luminari magnifici, la terra di alberi, di fiori e frutti svariati. Tu che hai coronato il suolo di acque profonde, benedici la corona dell'anno,

---

[98] Il *prokímenon* si compone di versetti tratti da salmi e si trova nell'*órthros* (lodi bizantine equivalenti di quelle latine) prima del Vangelo, alla Liturgia prima dell'epistola (*Apóstolos*) e al vespro dopo l'inno *Luce gioiosa*; è un responsorio che corrisponde in qualche modo al graduale della liturgia occidentale. Cfr *Anthologhion di tutto l'anno I*, traduzione dal greco di M. B. Artioli, Ed. Liturgiche, Roma 1999, 1563.

[99] Cfr K. RITZER, *Le mariage*, cit., 134-142.

[100] A. RAES (ed.), *Le mariage. Sa célébration et sa spiritualité dans les Èglises d'Orient*, Èditions de Chevetogne, Paris 1958, 40-41; cfr *Ufficiatura nuziale*, Piana degli Albanesi (pro-manoscritto) 2005, 18-21; cfr K. RITZER, *Le mariage*, cit., 159-162.

perché i poveri mangino e siano saziati, e la loro bocca intreccerà alla tua misericordia una corona di rendimento di grazie [...] Tu che hai fatto risplendere i profeti della corona di profezia, gli apostoli della corona della gloria, i martiri della corona di vittoria, tu che nel giorno della retribuzione incoronerai nel tuo regno celeste i santi che ne sono degni con corone intrecciate di opere di giustizia, accetta, Signore, la corona intrecciata con la lode che noi, miseri, in questo momento ti offriamo. Effondi su di noi la tua grazia infinita, stendi la tua destra e benedici queste corone gloriose, corone che adornino di lunga vita arricchita di opere sante, corone fatte di bellezza incorruttibile, corone segnate del sigillo della croce vivificante. Sui tuoi servi che ne sono incoronati effondi la tua benedizione spirituale, perché ornati della corona di vittoria, rimangano sempre sotto il tuo sguardo. Concedi loro di incoronare i loro figli nella gioia e nella giustizia»[101].

Dopo le letture di Ef 5, 20-33 e Mt 19, 1-11, il sacerdote pronunzia sulle corone questa preghiera:

«"Cristo Gesù, tu che hai incoronato i re, i sacerdoti, i giusti [...] benedici queste corone che saranno poste sul capo dei tuoi servi, come hai benedetto la corona della santa Chiesa nel gran giorno della festa nuziale [...] come hai benedetto la corona di Aronne sacerdote [...] la corona di Davide re e profeta [...] le corone dei giusti e dei santi". Ponendola sul capo degli sposi prosegue: "Questa corona per la mano di nostro Signore, discende dal cielo [...] La corona dello sposo è simile alla corona del figlio di Iesse e la corona della sposa è simile alla corona delle vergini"»[102].

Le liturgie assira e caldea, che sono un'endiadi, celebrano nel rito nuziale le nozze tra Cristo e la Chiesa, prefigurate e preparate dalla storia della salvezza. Nell'imposizione delle corone *il popolo canta*:

---

[101] A. RAES (ed.), *Le mariage*, cit., 122-123; cfr Patriarcat d'Antioche des Syriens (cur.), *Liturgia della celebrazione del matrimonio secondo il rito della Chiesa Apostolica di Antiochia dei Siri*, Procure prés le S. Siége (pro-manoscritto), 7-12; cfr K. RITZER, *Le mariage*, cit., 156-158.

[102] A. RAES (ed.), *Le mariage*, cit., 122-123; cfr Patriarcat d'Antioche des Syriens (cur.), *Liturgia della celebrazione del matrimonio*, cit., 7-12; cfr K. RITZER, *Le mariage*, cit., 156-158.

«"Il Figlio di Dio ha preparato per la sua Chiesa che ha sposato a sé una festa nuziale. Ha edificato la stanza nuziale sul monte Sinai per mezzo di Mosè [...] ha inviato i profeti. Ha chiamato gli apostoli. Gli angeli sono stati i suoi nutritori, hanno portato la manna, la carne e le quaglie come nutrimento per la sua infanzia. Egli l'ha sposata a sé per mezzo di Mosè e le ha consegnato il documento della sua dote per mezzo di Giovanni al Giordano. Al suo banchetto il re Davide s'è impegnato a comporre salmi e cantici. Tutto lo splendore della figlia del re si trova in lei, ella è ornata di oro fino. Glorifica e adora il Signore, Chiesa, il Signore nostro che ha resa perfetta la tua bellezza". Il sacerdote ponendo le corone sul capo degli sposi soggiunge: "La tua benedizione, Signore, si manifesti sulla terra e la tua lode ascenda verso il cielo. Poni le corone sul capo dei tuoi servi e rendi perfette le loro opere"»[103].

Tutto questo simbolismo confluisce nell'uso che della corona si fa nei riti nuziali.

Nella liturgia romana[104] ed occidentale in genere sono poche le testimonianze dell'uso dell'incoronazione degli sposi. Tuttavia, in alcune regioni, come la Sicilia in vario modo si è conservata a lungo:

«Le corone della celebrazione, di zagare foglie e fiori, operate in cera, vengono portate a casa e attaccate alle icone delle nozze che stanno al capo del letto nuziale; il coniuge che muore prima, porterà con sé le due corone, il coniuge che muore dopo le icone»[105].

Il nuovo rito italiano dà spazio, alla luce delle concessioni dell'*editio typica*, all'incoronazione, infatti, subito dopo lo scambio del consenso e degli anelli abbiamo: «Nei luoghi dove già esiste la consuetudine, o altrove con il permesso dell'Ordinario, si può fare l'*incoronazione degli sposi*, segno della loro partecipazione alla regalità di Cristo»[106].

---

[103] A. RAES (ed.), *Le mariage*, cit., 181-182; cfr K. RITZER, *Le mariage*, cit., 149-155.
[104] Cfr K. RITZER, *Le mariage*, cit., 119-418.
[105] C. VALENZIANO, *Costanti e varianti*, cit., 325.
[106] RM, cit., 78, 47.

La corona è segno del reciproco dono che l'uomo e la donna si fanno, con il quale Dio incorona l'esistenza di entrambi, rendendoli l'uno per l'altro segno della sua paternità e della sua provvidenza.

Ricorda ai coniugi l'iniziazione, quando nel battesimo gli è stata donata la regalità e la vittoria sulle seduzioni e i pericoli del mondo, del loro essere re e regine, immagine del nuovo Adamo e della nuova Eva, Cristo e la Chiesa, in un ritrovato giardino dell'Eden, dove regna in un clima di festa l'armonia e la bellezza della loro vocazione. Il loro amore diventa la linfa vitale che nutre i tronchi secchi del giardino ridandogli vita. È anche segno della corona di gloria promessa, nel regno dei cieli, che riceveranno alla fine della loro vita terrena.

Le corone nuziali, dorate o argentate, ornate con sobrietà, o corone di fiori, vengono imposte sul capo degli sposi dal sacerdote, che pone le braccia in modo incrociato. Prima lo sposo e poi la sposa, con le formule del rituale.

Partecipazione alla regalità di Cristo, non una conquista né un diritto acquisito, ben simboleggiata dal fatto che le corone sono imposte dal sacerdote. Questo sta a significare che l'essere degni della regalità reciproca è il frutto di un essere stati scelti, quindi eletti, da Cristo a tale missione. Con Reali possiamo e dobbiamo dire che la coppia scopre, alla luce di ciò che ha celebrato di *scegliere di essere scelti*[107].

---

[107] Cfr N. REALI, *Scegliere di essere scelti,* cit., 88.

4.9 Il tempo

Ogni tempo è adatto alla celebrazione, eccetto naturalmente quello penitenziale, della quaresima e il triduo pasquale, in cui tutta l'attenzione della Chiesa è concentrata sull'evento da cui traggono significato ed efficacia tutti i sacramenti.

Naturalmente la celebrazione liturgica del matrimonio è un evento di gioia e per questo alcuni tempi, penitenziali, non sono indicati per fare ciò. Questo però non esime la coppia dal considerare che il matrimonio non è un eterno tempo di gioia. Esso ha, per sua natura, una dimensione penitenziale ed anche una ascetica che coinvolge tutti i membri della famiglia. Ecco che allora la memoria di quel tempo, oltre che del luogo della celebrazione del matrimonio, si rende necessaria ed efficace nei momenti difficili ed intensi.

4.10 Il canto

Nel 1903, papa Pio X così si esprimeva in merito alla musica: «La musica nella liturgia è un aiuto prezioso per i fedeli nella partecipazione attiva ai sacrosanti misteri e alla preghiera pubblica e solenne della Chiesa»[108].

Tale idea verrà poi sviluppata nella SC che vedrà successivamente una ulteriore evoluzione nell'Istruzione di Paolo VI *Musicam Sacram*. Non sono mancati altri interventi che hanno sottolineato l'importanza della sonorità quale mediazione per una partecipazione cosciente dell'assemblea all'azione rituale[109]. Anche Giovanni Paolo II intervenne in merito nel centenario del

---

[108] PIO X, "Motu Proprio sulla musica sacra (22. 11. 1903) ", in *Il Consulente Ecclesiastico. Rivista degli Atti della Santa Sede e delle Sacre Congregazioni Romane*, IX/I (1904) 13-17.

[109] Cfr D. SABAINO, "Musica e liturgia. Dalla Sacrosanctum Concilium al Repertorio Nazionale dei canti liturgici", in *Rivista Liturgica* 86 (1999) 173-198.

Motu Proprio di san Pio X.

Nei secoli passati, spesso, la musica e il canto sono stati considerati elementi aggiuntivi, quindi a motivo del loro essere decorativi si è andato elaborando un repertorio adatto a grandi concerti.

La Chiesa, sin dall'inizio, nasce nel canto[110], linguaggio idoneo per esprimere la gioia dell'evento pasquale nel quale gli sposi sono resi un cuor solo e un'anima sola. Ci si inserisce nella grande tradizione ebraica. Il canto permetteva, e permette, una partecipazione attiva, vivace, di carattere fortemente aggregante ed emotivamente coinvolgente.

Tra le novità del nuovo RM per la Chiesa italiana, c'è una rinnovata attenzione per la musica e il canto:

> «I canti da eseguire siano adatti al rito del matrimonio ed esprimano la fede della Chiesa, in modo particolare si dia importanza al canto del salmo responsoriale nella liturgia della Parola. Quello che è detto dei canti, vale anche riguardo la scelta di tutto il programma musicale»[111].

Alla luce di ciò, possiamo affermare che il canto non è semplicemente un elemento decorativo, per rendere più solenne il rito, ma unito alla parola, al gesto e al silenzio, costituisce uno dei linguaggi necessari della celebrazione:

> «Il canto, in ogni celebrazione liturgica, anche in quella più semplice e modesta, esalta la parola e la preghiera, la dispone nella sua dimensione melodica e ritmica al culto divino e diviene offerta a Dio, autore supremo d'ogni bellezza ed eterno splendore [...] Il canto ha la capacità di penetrare, di commuovere e di convertire i cuori; favorisce l'unione dell'assemblea e ne permette la partecipazione unanime

---

[110] Per approfondimenti in merito cfr F. RAINOLDI, *Traditio canendi. Appunti per una storia dei riti cristiani cantati*, Ed. Liturgiche, Roma 2000; ID., *Sentieri della musica sacra. Dall'800 al Concilio Vaticano II*, Ed. Liturgiche, Roma 1996.

[111] RM, cit., 30, 24.

> all'azione liturgica: adempie al duplice scopo che, come arte sacra e azione liturgica, gli è consono, "la gloria di Dio e la santificazione dei fedeli" [...] Più che di importanza bisogna parlare di necessità, perché "il canto sacro unito alle parole costituisce parte necessaria e integrale della liturgia solenne"»[112].

Nella liturgia, la parola illumina il gesto e il gesto esalta ed esprime la parola[113], questo presuppone che gli sposi e i cantori conoscano il RM, per un maggior coinvolgimento nella scelta dei canti e negli interventi strumentali:

> «Canto e musica sono parte di un insieme, fanno parte del rito e vanno inseriti nel suo significato globale, quindi, non sarebbe giustificato che la celebrazione e gli interventi musicali procedessero per strade parallele»[114].

Più che cantare e suonare nel RM, bisognerebbe cantare e suonare il RM[115]:

> «Non c'è niente di più solenne e festoso nelle sacre celebrazioni di una assemblea che, tutta, esprime con il canto la sua pietà e la sua fede. Pertanto la partecipazione attiva di tutto il popolo, che si manifesta con il canto, si promuova con ogni cura»[116].

Il canto, che come sappiamo è e deve essere un'azione del popolo, è riferibile a varie parti della celebrazione: il rito d'ingresso, la preghiera

---

[112] CONCILIO ECUMENICO VATICANO II, SC, cit., 1/112; CEI. COMMISSIONE EPISCOPALE PER LA LITURGIA, *Il canto nelle celebrazioni liturgiche e il repertorio base a carattere nazionale*, in ECEI II, 3335.

[113] CONCILIO ECUMENICO VATICANO II, SC, cit., 1/48.

[114] CEP, *I cori nella liturgia*, Elle di Ci, Leumann 1989, 7; CEI. COMMISSIONE EPISCOPALE PER LA LITURGIA, *Il canto nelle celebrazioni liturgiche*, cit., 3335.

[115] Cfr M. BALDACCI, "Cantare il rito del matrimonio", in *Rivista di Pastorale Liturgica* 247/6 (2004) 66.

[116] SACRE CONGREGATIO RITUM , Istruzione *Musicam sacram* (05.03.1967), in EV II, EDB, Bologna 1979[11], 982.

sull'acqua per l'aspersione, il canto durante l'aspersione, il salmo responsoriale, le litanie, la benedizione nuziale, l'acclamazione dell'assemblea, oltre ai canti per la presentazione dei doni e per la comunione.

Attraverso di esso, vengono veicolate, non solo la fede ma anche le forti emozioni che gli sposi stanno vivendo e con essi la comunità. Va notata l'importanza data al canto del salmo responsoriale che, se fatto in modo dignitoso, rende visibile la dimensione lirica e poetica della Parola di Dio e diventa occasione per una *ruminatio* della Parola[117].

Se il canto del salmo ha una sua importanza di grande rilevanza le altre novità non sono da sottovalutare. Tutto il rito è ricco di nuove formule, dove c'è una continua interazione tra i coniugi, il presbitero e l'assemblea. Molte di queste parti possono essere cantate. Tutto ciò ci fa notare la particolare attenzione che con il nuovo rito si vuole dare al codice sonoro[118].

Celebrare le nozze con il supporto della musica e del canto è la scelta della via della bellezza, che non è fine a se stessa, che non è solo teologia del bello, ma che è la teologia bella, dettata dalla necessità di predicare e celebrare Dio[119].

Quanto detto va fatto proprio affinché, ovviata la privatizzazione del RM, e della vita coniugale e familiare, si possa favorire la partecipazione piena, attiva e responsabile di tutti i presenti. Inoltre va pensata e favorita anche la ministerialità per l'animazione del canto[120]. Se è vero che i canti da

---

[117] Cfr A. PARISI, "Liturgia della Parola e canto", in *Rivista Liturgica* 86 (1999) 273-288.

[118] Cfr V. TRAPANI, *Il canto e la musica nella celebrazione del matrimonio*, in P. Sorci (cur.) *La celebrazione del matrimonio cristiano*, cit., 129-133.

[119] Per approfondimenti Cfr C. VALENZIANO, *Scritti di estetica e di poietica. Su l'arte di qualità liturgica e i beni culturali di qualità ecclesiali*, Dehoniane, Bologna 1999.

[120] «La preparazione pratica di ogni celebrazione liturgica si faccia di comune e diligente

eseguire devono essere adatti al RM e devono esprimere la fede della Chiesa[121], non possiamo delegare l'animazione a chiunque viene portato dagli sposi[122]. Piuttosto con gli sposi e la comunità parrocchiale, nelle persone del gruppo liturgico, ci si deve impegnare a far sì che il canto sia un segno di festa, perché cantare è di chi ama, e non può esserlo se la comunità non canta.

Il canto per sua natura, soprattutto per il popolo italiano, è uno degli ingredienti fondamentali della vita quotidiana. Chi canta lo fa perché mosso da un profondo desiderio di esternare ciò che vive dentro, questo è valido a maggior ragione per i coniugi che attraverso di esso esprimono l'amore per l'amato.

Mi viene in mente la sana tradizione della serenata dello sposo alla sposa la sera prima delle nozze. Nei nostri piccoli paesi, diventa la festa di tutti che attendono impazienti, con la sposa, l'esternazione dell'amore dello sposo che a volte si rende buffo e ridicolo ma semplice e vero. E sono queste piccole semplicità che rendono la vita coniugale più armonica.

4.11 Il silenzio

Esso serve a mettere in risalto la presenza dello Spirito Santo[123]. È una

---

intesa, secondo il messale e gli altri libri liturgici, fra tutti coloro che sono interessati rispettivamente alla parte rituale, pastorale e musicale» OGMR n. 111; «Occorre una buona comunicazione tra i partecipanti; non si tratta infatti di eseguire materialmente un certo programma musicale, ma di realizzare un rito significativo e spiritualmente fruttuoso. Anche i contributi musicali fanno pienamente parte della più generale preoccupazione di offrire un culto sincero a Dio»: CEP, *I cori nella liturgia*, cit., 3.

[121] Cfr RM. *Praenotanda*, cit., 30, 24.

[122] Cfr F. RAINOLDI, "'Come un canto d'amore' (Ez 33,32)", in *Rivista Liturgica* 91/6 (2004) 1071-1076.

[123] Cfr A. M. TRIACCA, "Linee teologico-liturgiche in vista di una rinnovata celebrazione del matrimonio", cit., 605-606.

delle raccomandazioni rivolte all'assemblea: prima della colletta; dopo l'omelia; prima della benedizione nuziale, perché esso è il grembo della Parola, e Dio parla nel silenzio, e questo non soltanto nella liturgia.

Se tutto ciò è valido e veritiero in riferimento a Dio, lo è anche per i coniugi. Il silenzio che essi si scambiano, lascia spazio a tutta una serie di linguaggi dell'amore che altrimenti rimarrebbero nelle quinte e che spesso perdono la loro freschezza.

Pensiamo al linguaggio dello sguardo, primo fra tutti oserei dire. Il filosofo Levinas, parlando dell'uomo, fa riferimento all'importanza del volto che esprime un appello: non uccidermi! Ma il volto non è solo questo, non è primariamente questo, in quel volto ci sono degli occhi che sono lo specchio dell'anima e hanno la capacità di dire molto di più di quanto uno potrebbe esprimere a parole. C'è tutto un registro comunicativo degli occhi che va dalla dolcezza all'aggressività, dalla richiesta alla disponibilità.

Altri due linguaggi possiamo identificarli nella carezza e nell'abbraccio. La carezza indica lo sfiorare l'altro senza la pretesa di possederlo. L'abbraccio necessita di un atteggiamento fisico preciso: fare spazio per accogliere, chiedere spazio per essere accolti.

C'è anche il bacio. Anche se i costumi comuni cambiano di paese in paese, una cosa è certa: non si bacia chiunque, né il primo che capita. Il bacio è qualcosa di molto intimo che non coinvolge solo la bocca, ma a partire da essa coinvolge tutto il corpo ed in modo particolare il respiro. In questo linguaggio possiamo intravedere la comunicazione del proprio respiro, della propria anima.

Non sono solo questi i linguaggi dell'amore. Ad essi mi sono limitato, perché sono quelli che necessitano del silenzio. Allora benedetto silenzio, ogni qualvolta diventa il veicolo per rinvigorire gli altri registri del dialogo amoroso.

4.12 Le luci e i fiori

Mentre le luci simboleggiano Cristo luce della Gerusalemme celeste dove la lampada sarà l'Agnello, i fiori richiamano i giardini dell'Eden, quello primaverile del Cantico dei cantici e quello del sepolcro. Questi giardini evocano poesia e freschezza dell'amore coniugale che nessun dramma può fare dimenticare e nessuna traversia deve fare invecchiare. La chiesa infiorata diventa il giardino delle prime nozze.

I fiori, che a motivo dei loro colori irradiano continui arcobaleni di luce, da sempre accompagnano i momenti più importanti della vita della persona.

Spesso si parla di sprechi, ed effettivamente ciò accade, ma non va dimenticato che fiori, colori, profumi, orientano silenziosamente a vivere un giorno speciale in cui si celebra un amore totale, gratuito che è sacramento della donazione infinita di Cristo per la sua Chiesa.

A riguardo Dio è il primo che non si limita nello sprecare il suo amore che dona generosamente e gratuitamente alla sua sposa senza aspettarsi nulla in cambio. I fiori, fermo restando la necessità di equilibrio, orientano tutti ad assumere lo stesso atteggiamento di Dio: donare gratuitamente la propria vita nel matrimonio.

Il fiore con la sua naturale bellezza parla il linguaggio dell'umiltà, della semplicità e della gratuità. Questa è la scuola alla quale i coniugi imparano ad aiutarsi reciprocamente a crescere nel dono gratuito di sé, con umiltà, grazia e semplicità di cuore. Per questo, nel giorno delle nozze, occorre far fiorire i luoghi della celebrazione evitando di trasformare la chiesa in un vivaio.

Questi due simboli, luci e fiori unitamente al profumo dei fiori, che ci rimanda al giardino del Cantico dei cantici, e dell'incenso, simbolo della preghiera degli sposi, che insieme a quella di tutta l'assemblea e a quella dei santi e degli angeli, si eleva al trono di Dio, testimoniando l'amore che gli sposi rendono a Cristo nel mondo, ci ricordano l'importanza di una eterna primavera, dove luci, colori, profumi si espandono in ogni luogo, creando un clima di gioia e di serenità.

Con ciò non voglio negare il succedersi delle stagioni della vita, ci sono tempi e tempi: c'è un tempo primaverile che va dalla nascita all'adolescenza; poi si passa al tempo estivo, dove giovani adulti si intraprende un progetto di vita; segue l'autunno, un periodo che vede i coniugi liberi dalla missione primaria dei figli, perché adulti e con proprie scelte di vita, e dediti l'uno all'altra, quasi in un percorso di nuovo innamoramento; infine l'inverno, il tempo dell'anzianità, dove con facilità si corre indietro nel passato per ritornare, con i nipoti, ad essere innocenti come i bambini.

Sono inevitabili questi passaggi, fanno parte della natura dell'uomo, che però vanno vissuti con la freschezza di una eterna primavera.

4.13 Gli sposi icona dell'alleanza di Cristo con la Chiesa

Sappiamo bene, a motivo della lunga tradizione cristiana – volendo possiamo attingere anche ai vari culti delle divinità pagane[124] – che

---

[124] Per ulteriori approfondimenti a riguardo consiglio cfr R. GIRARD, *Vedo satana cadere come la folgore*, G. Fornari (cur.), Adelphi, (MI) 2001.

l'icona[125], immagine, vuol essere l'immagine dell'invisibile ed educatrice della fede.

Attraverso i mezzi terreni – forma, colore, luce – l'icona deve tradurre la realtà religiosa dell'aldilà e, dato che il suo obbiettivo si trova al di là del visibile, deve sempre lasciarsi regolare non in primo luogo da imperativi estetici ma dalla fede e dalla Rivelazione.

Attraverso l'umanità dei coniugi è possibile la percezione dell'invisibile. Nicola Reali, trattando la questione relativa al dono, afferma che è necessario, per accoglierlo come tale, porsi di fronte al suo accadere, al suo avvenimento. Egli ci invita a porci la domanda: «come accade un dono quando accade come dono? »[126].

Un dono è anzitutto un dato. Ne consegue che il dono non si mostra mai per se stesso, si nasconde sempre nelle pieghe del dato. Se prendiamo ad esempio l'Eucaristia possiamo affermare che mentre ci viene dato del pane e del vino ci viene donato il corpo e il sangue di Cristo. Il dono accade quando si dà senza mostrarsi, *ma rivelandosi in uno scarto*, in una differenza dal dato.

Il principale dono che caratterizza la vita degli sposi e della famiglia è quello dell'amore. L'amore vive di questo scarto tra il dato e il dono. Amare una donna, sia essa madre, sorella o sposa, significa riconoscerla non solo

---

[125] La Chiesa Ortodossa ha riservato il termine icona, dal greco *eikònn*, immagine, alle sole tavole in legno, dipinte con tecnica particolare, quasi esclusivamente a tempera, con colori impastati con giallo d'uovo e aceto, secondo la tradizione. Il VII Concilio Ecumenico, Nicea 787, precisava che l'opera di pittura sacra non era inventiva personale di artisti pittori e quindi doveva essere considerata opera d'arte nella regola confermata, e nella Tradizione della Chiesa. La Chiesa, oltre all'abilità artistica, dal pittore esigeva la preparazione spirituale adeguata. Cfr CONCILIUM (OECUM. VII) NICAENUM II, actio VII (13 ottobre 787), *Definitio de sacris imaginibus*, in H. DENZINGER (cur.), *Enchiridion symbolorum, definitionum et declarationum de rebus fidei et morum*, edizione bilingue, EDB, Bologna 2004[4], 600-603.

[126] Cfr N. REALI, *Scegliere di essere scelti*, cit., 44-49.

come una donna che tutti possono vedere ma anche come mia madre, mia sorella, la mia sposa. In esse io vedo l'invisibile, vedo l'amore. Il rischio, infatti, è quello di fermarsi al dato[127].

Quanto appena detto chiarisce le idee sulla considerazione della coppia icona dell'amore di Cristo per la Chiesa. È nella logica dell'amore che scambievolmente si donano i coniugi che a noi, e a loro stessi, è concesso di considerarli attraverso la simbologia iconografica.

Di particolare rilevanza è il colore bianco dell'abito della sposa, simbolo della veste della Chiesa, che Cristo rese candida lavandola con il sangue del suo sacrificio[128].

Il candore della veste rappresenta la capacità della Chiesa di stare di fronte a Cristo santa e immacolata. Tutto ciò è possibile anche grazie alla ricchezza operata dai santi e trasfigurata dall'azione dello Spirito Santo (Mc. 9, 3). Essa affretta il suo passo per celebrare le nozze con l'Agnello immolato e vittorioso (Ap. 19, 8. 21, 2).

Lo splendore della veste bianca simboleggia quello che i coniugi devono avere l'uno agli occhi dell'altro e insieme agli occhi di tutti.

L'evangelista Marco, che parla di vesti splendenti, bianchissime, sottolinea che nessun lavandaio sulla terra potrebbe renderle così bianche. Occorre, allora, che ci sia la disponibilità di accogliere il lavandaio che renda i coniugi splendenti. Questa veste, come si afferma nell'Apocalisse, è data e, anche in questo caso, vale la logica suddetta del dono che si nasconde nelle pieghe del dato.

---

[127] *Loc. cit.*

[128] Per quanto riguarda l'ampia e profonda simbologia dell'abito nuziale simbolo dell'amore avvolgente di Cristo che rinnova la creatura cfr L. PEDROLI, *Dal fidanzamento alla nuzialità escatologica – la dimensione antropologica del rapporto tra Cristo e la Chiesa nell'Apocalisse*, Cittadella, Assisi 2007.

Capitolo II
La pedagogia mistagogica alla luce del codice verbale del nuovo rito

Il codice verbale del RM fa riferimento sia alla Parola di Dio sia alla parola dell'uomo che si manifestano attraverso: *la Scrittura, le eucologie e i dialoghi.* Sin da questa prima affermazione, possiamo subito costatare che un vero cammino pedagogico – mistagogico necessita del dialogo continuo tra la Parola di Dio e quella dell'uomo. Fondamentalmente, tutta la storia della salvezza è il dispiegarsi di questo intreccio di parole.

Tutta la celebrazione vede queste due parole che si intrecciano rendendo possibile la comprensione dei significati, espliciti ed impliciti, e dei singoli gesti che vengono posti.

1 Riti di introduzione

1.1 Memoria del battesimo

Sono previste tre formule, attraverso le quali il sacerdote invita a fare memoria del battesimo.

La prima formula è indirizzata alla comunità:

> «Fratelli e sorelle, ci siamo riuniti con gioia nella casa del Signore nel giorno in cui N. e N. intendono formare la loro famiglia. In quest'ora di particolare grazia siamo loro vicini con l'affetto, con l'amicizia e la preghiera fraterna. Ascoltiamo attentamente insieme con loro la Parola che Dio oggi ci rivolge. In unione con la santa Chiesa supplichiamo Dio Padre, per Cristo Signore nostro, perché benedica questi suoi figli che stanno per celebrare il loro Matrimonio, li accolga nel suo amore e li costituisca in unità. Facciamo ora memoria del Battesimo, nel quale

> siamo rinati a vita nuova. Divenuti figli nel Figlio, riconosciamo con gratitudine il dono ricevuto, per rimanere fedeli all'amore a cui siamo stati chiamati»[129].

Nelle parole di questa esortazione possiamo evidenziare il clima di festa nel quale occorre disporre gli animi di tutti; infatti la comunità è invitata a gioire per gli sposi rendendosi loro vicini con affetto, amicizia e preghiera fraterna. Questi sono i segni concreti che indicano l'accoglienza degli sposi da parte della comunità. Segue subito l'invito per tutti all'ascolto attento della Parola di Dio e alla supplica affinché il Signore benedica i suoi figli che si rendono disponibili con la celebrazione delle nozze, ad essere segno dell'amore di Cristo per la sua Chiesa. Va inoltre evidenziato il protendersi verso l'immediato futuro della coppia: diventare una famiglia, ponendo nel giorno delle nozze le fondamenta di questa nuova costruzione. Risulta evidente e necessario il riferimento al battesimo quale momento sorgivo dell'amore al quale entrambi sono stati chiamati.

La seconda formula è indirizzata agli sposi:

> «N. e N. la Chiesa partecipa alla vostra gioia e insieme con i vostri cari vi accoglie con grande affetto nel giorno in cui davanti a Dio, nostro Padre, decidete di realizzare la comunione di tutta la vita. In questo giorno per voi di festa il Signore vi ascolti. Mandi dal cielo il suo aiuto e vi custodisca. Realizzi i desideri del vostro cuore ed esaudisca le vostre preghiere. Riconoscenti per essere divenuti figli nel Figlio, facciamo ora memoria del Battesimo, dal quale, come da seme fecondo, nasce e prende vigore l'impegno di vivere fedeli nell'amore»[130].

La Chiesa partecipa della gioia degli sposi accogliendoli con affetto. In questa seconda esortazione, si evince la logica dell'accoglienza che

---

[129] RM, cit., 52, 38.
[130] *Ibid.,* 53, 39.

possiamo identificare quale preludio indispensabile affinché si possa realizzare la comunione di tutta la vita. La comunità, per mezzo del presbitero, intercede per loro presso Dio affinché li ascolti, li custodisca e esaudisca la preghiera del loro cuore. Siamo in un clima augurale che si dovrebbe perpetuare nell'accompagnare le giovani coppie nel loro nuovo stato di vita. Ecco allora che la grazia ricevuta il giorno del battesimo, che ha reso i due giovani figli di Dio e li ha abilitati a poter celebrare un matrimonio sacramento, diventa, attraverso la memoria di esso, quel seme fecondo, che prende vigore attraverso l'impegno costante di vivere fedeli nell'amore.

La terza, ed ultima, esortazione è rivolta a tutti:

> «Carissimi, celebriamo il grande mistero dell'amore di Cristo per la sua Chiesa. Oggi N. e N. sono chiamati a parteciparvi con il loro Matrimonio. Riconoscenti per essere divenuti figli nel Figlio, facciamo ora memoria del Battesimo, inizio della vita nuova nella fede, sorgente e fondamento di ogni vocazione. Dio nostro Padre, con la forza del suo Santo Spirito, ravvivi in tutti noi il dono di quella benedizione originaria»[131].

Molto più breve delle prime due, è incentrata, e quindi focalizza l'attenzione, sul grande mistero dell'amore di Cristo per la sua Chiesa, proposto quale modello che gli sposi sono chiamati a vivere, imitandolo. Si riconosce nel battesimo, in modo esplicito, la sorgente della vocazione alla nuzialità. Non si sta celebrando la gloria personale di qualcuno. Sicuramente i protagonisti della celebrazione risultano gli sposi che decidono di porsi quale strumento visibile per poter celebrare un amore così grande, qual è l'amore di Cristo per la sua Chiesa. Tale amore ha la peculiarità di essere

---

[131] *Ibid.*, 54, 39.

identificato da tutti come un mistero che si rende accessibile nella misura in cui lo si vive e lo si comunica.

Segue la triplice epiclesi trinitaria:

> «Padre, nel Battesimo del tuo Figlio Gesù al Giordano hai rivelato al mondo l'amore sponsale per il tuo popolo. R. Noi ti lodiamo e ti benediciamo. Cristo Gesù, dal tuo costato aperto sulla Croce hai generato la Chiesa, tua diletta sposa. R. Noi ti lodiamo e ti benediciamo. Spirito Santo, potenza del Padre e del Figlio, oggi fa risplendere in N. e N. la veste nuziale della Chiesa. R. Noi ti lodiamo e ti benediciamo»[132].

L'epiclesi dà risalto all'amore di Dio per il suo popolo, di Cristo per la sua sposa, e dello Spirito nei confronti della coppia, vocata ad indossare la veste nuziale che Cristo ha donato alla Chiesa. Tutta la comunità è resa partecipe rispondendo ad ogni invocazione attraverso la lode e il rendimento di grazie. Si loda Dio per le meraviglie che egli compie, si rende grazie per il dono delle nozze.

Il presbitero, poi, conclude:

> «Dio onnipotente, origine e fonte della vita, che ci hai rigenerati nell'acqua con la potenza del tuo Spirito, ravviva in tutti noi la grazia del Battesimo, e concedi a N. e N. un cuore libero e una fede ardente perché, purificati nell'intimo, accolgano il dono del Matrimonio, nuova via della loro santificazione. Per Cristo nostro Signore»[133].

Questa orazione ci permette di identificare in modo esplicito che il matrimonio è un dono e proprio perché è un dono, è, la via ordinaria attraverso cui i coniugi, e per mezzo di essi tutta la comunità, si santificano.

---

[132] *Ibid.*, 55, 40.
[133] *Ibid.*, 56, 41.

1.2 Colletta

A conclusione di questo primo momento celebrativo, che introduce alla celebrazione, si recita una delle sei collette che il rituale propone. La prima colletta:

> «O Dio, che in questo grande sacramento hai consacrato il patto coniugale, per rivelare nell'unione degli sposi il mistero di Cristo e della Chiesa, concedi a N. e N. di esprimere nella vita il dono che ricevono nella fede. Per il nostro Signore [...]»[134],

ha un gusto squisitamente mistagogico. Come si può notare, dopo aver fatto riferimento all'opera di Dio in merito al matrimonio, si invoca il suo ausilio affinché gli sposi possano esprimere nella vita, nella nuova vita che si accingono ad iniziare, il dono che hanno ricevuto nella fede.

La seconda colletta:

> «O Dio, che fin dagli inizi della creazione hai voluto l'unità fra l'uomo e la donna, congiungi con il vincolo di un solo amore questi tuoi figli, che oggi si uniscono in Matrimonio, e fa' che siano testimoni di quella carità che hai loro dato. Per il nostro Signore [...]»[135],

si concentra sull'amore quale vincolo di unione che ricollega tutte le coppie della storia: dalla prima, Adamo ed Eva, fino all'attuale coppia che si accinge, attraverso la celebrazione del patto nuziale, ad essere testimone di questo amore eterno.

La terza colletta:

> «Ascolta, Signore, la nostra preghiera ed effondi con bontà la tua grazia su N. e N., perché, unendosi davanti al tuo altare, siano

[134] *Ibid.*, 56, 41-43.
[135] *Loc. cit.*

> confermati nel reciproco amore. Per il nostro Signore [...]»[136],

ha una impostazione epicletica, infatti, si invoca l'effusione della grazia la quale, a motivo dell'unione innanzi a Dio che la coppia sta facendo, li conferma nell'amore che reciprocamente si stanno donando.

La quarta colletta:

> «Dio onnipotente, concedi a N. e N., che oggi consacrano il loro amore, di crescere insieme nella fede che professano davanti a te, e di arricchire con i loro figli la tua Chiesa. Per il nostro Signore [...]»[137],

ha un taglio di tipo pedagogico. Dio è invocato, affinché conceda ai coniugi di poter crescere insieme nella fede che professano durante il rito, e al contempo i coniugi sono invitati a professarla quotidianamente innanzi a tutti, e in special modo ai primi destinatari di tale dono: i loro figli.

La quinta colletta:

> «Ascolta, o Signore, la nostra preghiera e sostieni con il tuo amore il vincolo del Matrimonio che tu stesso hai istituito per la crescita del genere umano, perché l'unione che da te ha origine, da te sia custodita. Per il nostro Signore [...]»[138],

a differenza delle precedenti si pone nella condizione di ricordare a Dio ciò che ha istituito: il matrimonio. Esso, in questo caso, è identificato con un fine preciso: la crescita del genere umano che non va intesa primariamente ed esclusivamente a livello demografico, ma anzitutto quale crescita umana e di fede. Per questo motivo solo Dio può essere, con la piena collaborazione della coppia, custode di un così grande mistero.

---

[136] *Loc. cit.*
[137] *Loc. cit.*
[138] *Loc. cit.*

La sesta, ed ultima, colletta:

> «O Dio, che dall'inizio del mondo benedici l'uomo e la donna con la grazia della fecondità, accogli la nostra preghiera: scenda la tua benedizione su N. e N., tuoi figli, perché nel loro Matrimonio, siano uniti nel reciproco amore, nell'unico progetto di vita, nel comune cammino di santità. Per il nostro Signore [...]»[139],

come la seconda colletta, fa riferimento ai primi capitoli del libro della Genesi. È più articolata delle altre e potrebbe trarre in inganno molti a motivo del termine *fecondità*, che oggi, nel sentire comune, assume diversi significati. Evito di ripetermi ed in merito rimando a quanto già detto nel primo capitolo. Vorrei, però, far notare che l'inganno è subito superato, se prima parte della preghiera viene illuminata dalla seconda parte, quale si identificano tre fondamenti dell'unione coniugale: essere uniti nel reciproco amore, un unico progetto di vita, un comune cammino di santità. È evidente che tutto ciò necessita di un cammino, di un per-corso che non si improvvisa, né termina con la celebrazione delle nozze, perché dura per tutta la vita.

2 Liturgia della Parola

Come da sentire comune, possiamo affermare che la Scrittura pur essendo unica cela al suo interno molteplici tesori che in modo diverso si manifestano nelle varie celebrazioni liturgiche e paraliturgiche. Ogni azione liturgica si poggia sulla Parola di Dio, e da essa prende forma, mettendo in atto un nuovo evento che interpreta la Parola, dandole una nuova efficacia.

---

[139] *Loc. cit.*

Così facendo, la Chiesa si pone alla sequela dello stesso Cristo che per primo scrutò le Scritture[140].

Naturalmente ciò che in modo particolare è eminente, nella Scrittura, è l'evento di cui il libro è testimone. Occorre evitare il rischio di perdere di vista lo scarto che c'è tra l'evento e lo scritto che lo testimonia. Lo stesso Gesù cosi si esprime:

> «Molte cose ho ancora da dirvi, ma per il momento non siete capaci di portarne il peso. Quando però verrà lo Spirito di verità, egli vi guiderà alla verità tutta intera, perché non parlerà da sé, ma dirà tutto ciò che avrà udito e vi annunzierà le cose future. Egli mi glorificherà, perché prenderà del mio e ve l'annunzierà. Tutto quello che il Padre possiede è mio; per questo ho detto che prenderà del mio e ve l'annunzierà» (Gv 16, 12-15).

Ne consegue che il Vangelo non è materialmente completo, Gesù non ha detto tutto, per questo lo Spirito, che conosce tutto di Gesù, continua ad assistere la Chiesa nella comprensione della Scrittura[141].

Accostandoci alle Scritture dobbiamo aver chiaro in mente che non possiamo trovare una dottrina completa ed elaborata sul matrimonio. Ci sono affermazioni di grande valore, che vanno comprese nel loro contesto preciso evitando di sovraccaricarle di significati che non hanno[142].

La proclamazione della Parola di Dio non sempre raggiunge, con eguale efficacia, i cuori di chi ascolta. Nonostante ciò la Parola è la costante presenza di Cristo che rende sempre attuale il mistero di salvezza

---

[140] Cfr OGLR, 3, in *Messale Romano riformato a norma dei decreti del Concilio Vaticano II e promulgato da papa Paolo VI*, *Lezionario domenicale e festivo – anno A*, CEI (cur.), LEV, Città del Vaticano 2007, 16.

[141] Cfr B. OGNIBENI, *Il matrimonio alla luce del Nuovo Testamento*, LUP, Città del Vaticano 2007, 8.

[142] Cfr *Loc. cit.*

santificando gli uomini che a loro volta rendono a Dio Padre un culto perfetto[143].

Possiamo riconoscere che la Parola di Dio è sempre viva ed efficace per la potenza dello Spirito Santo:

> «Infatti la parola di Dio è viva, efficace e più tagliente di ogni spada a doppio taglio; essa penetra fino al punto di divisione dell'anima e dello spirito, delle giunture e delle midolla e scruta i sentimenti e i pensieri del cuore» (Eb 4, 12).

La Chiesa annunziando la Parola di Dio, sia dell'AT sia del NT, rende testimonianza al mistero di Cristo che è il cuore di entrambi i Testamenti[144].

Un solo *sì* accomuna tutta la Chiesa, compresi tutti gli sposi di tutti i tempi, quello che Cristo pronunciò in modo definitivo con l'effusione del suo sangue. Quindi ogni qual volta viene proclamata la Parola di Dio dovrebbe corrispondere una risposta che è ascolto adorazione: «Ma è giunto il momento, ed è questo, in cui i veri adoratori adoreranno il Padre in spirito e verità; perché il Padre cerca tali adoratori» (Gv 4, 23). Lo Spirito Santo rende efficace la risposta, rende possibile l'incarnarsi nell'oggi quanto Giacomo comandò nella sua lettera: «Siate di quelli che mettono in pratica la parola e non soltanto ascoltatori, illudendo voi stessi» (Gc 1, 22). Tanto più viva è la coscienza, quindi la partecipazione attiva di questo grande

---

[143] Cfr OGLR, 4, in *Messale Romano*, cit., 17.

[144] Cfr *ibid.*, 5, 17-18; cfr CONCILIO ECUMENICO VATICANO II, *DV*, in EV, 1/872-911. Per quanto riguarda l'unità dei Testamenti e il principio unitario per l'interpretazione del Mistero di Cristo cfr P. BEAUCHAMP, *L'uno e l'altro testamento, 2. Compiere le Scritture*, Glossa, Milano 2001. Il recente sinodo dei vescovi sulla Parola di Dio ha sottolineato l'importanza di leggere, interpretare e vivere la Scrittura nell'unità dei due Testamenti uniti insieme dal *filo luminoso* che ne costituisce la chiave interpretativa fondamentale, cioè Cristo. Cfr SINODO DEI VESCOVI, XII ASSEMBLEA GENERALE, M*essaggio al popolo di Dio,* proposizione 10, cit.

mistero, tanto più sarà possibile un riverbero di esso nella vita quotidiana[145].

Quando la Chiesa è riunita nella celebrazione liturgica e proclama la Parola di Dio, sa di essere il nuovo popolo che, avendo ricevuto la grazia dell'ascolto, diventa annunciatore di salvezza con la vita. Questa Parola annulla spazio e tempo, unendo eventi passati a situazioni presenti, facendo intravedere il futuro, ravvivando il desiderio e la speranza di ogni cuore[146].

Più volte abbiamo sentito, e ho anche ribadito, che un ruolo fondamentale lo ricopre lo Spirito Santo che previene, accompagna e prosegue l'azione liturgica, suggerendo al cuore di ognuno ciò di cui ha bisogno[147]. La sua azione rinsalda i cuori, rendendo la comunità unita, e favorisce anche la diversità dei carismi valorizzandone la modalità di azione[148]. Basti pensare a quanto San Paolo dice alla comunità dei Romani:

> «Poiché, come in un solo corpo abbiamo molte membra e queste membra non hanno tutte la medesima funzione; così anche noi, pur essendo molti, siamo un solo corpo in Cristo e ciascuno per la sua parte siamo membra gli uni degli altri. Abbiamo pertanto doni diversi secondo la grazia data a ciascuno di noi. Chi ha il dono della profezia la eserciti secondo la misura della fede; chi ha un ministero attenda al ministero; chi l'insegnamento, all'insegnamento; chi l'esortazione, all'esortazione. Chi dà, lo faccia con semplicità; chi presiede, lo faccia con diligenza; chi fa opere di misericordia, le compia con gioia» (Rm 12, 4-13).

Fatta questa piccola introduzione al mistero e all'importanza della

---

145 Cfr OGLR, 6, in *Messale Romano*, cit., 18.

146 Cfr *ibid.*, 7, 18-19.

147 Cfr L. MELINA, *Cristo e il dinamismo dell'agire. Linee di rinnovamento della teologia morale fondamentale*, LUP, Roma 2001, 217-220; cfr ID., *Azione: epifania dell'amore. La morale cristiana oltre il moralismo e l'antimoralismo*, Cantagalli, Siena 2008, 117-121. Per ulteriori approfondimenti è bene prestare attenzione al: L. MELINA – J. NORIEGA – J.J PÉREZ-SOBA, *Camminare nella luce dell'amore. I fondamenti della morale cristiana*, Cantagalli, Siena 2008, 481-518.

148 Cfr OGLR, 8-9, in *Messale Romano*, cit., 19.

divina Parola, prima di procedere nell'analisi di questo momento all'interno della celebrazione nuziale, possiamo evidenziare la scelta pastorale che il nuovo rito propone. *Il* RM *nella celebrazione della Parola.*

Nella *Presentazione* i vescovi italiani scrivono che:

> «Nell'esperienza pastorale italiana si verifica sempre di più il caso di coppie che, pur non avendo maturato un chiaro orientamento cristiano e non vivendo una piena appartenenza alla Chiesa, desiderano la celebrazione religiosa del Matrimonio essendo battezzati e non rifiutando esplicitamente la fede. Sembra opportuno in tali casi prevedere, come suggerisce l'edizione latina del 1990, la possibilità di celebrare il sacramento del Matrimonio "extra missam" (Praenotanda, 29). Tuttavia, perché il Rito proposto per tali situazioni non venga percepito come una forma diminuita e debole, si è preferito dare al secondo capitolo, che nell'edizione tipica latina è denominato "Ordo celebrandi Matrimonium sine Missa" il titolo positivo di "Celebrazione del Matrimonio nella liturgia della Parola". Questo capitolo è articolato in una sequenza rituale più semplice e utilizza un linguaggio più immediato. Non si sono voluti però tralasciare gesti e testi significativi, quali la memoria del Battesimo, lo scambio della pace e la consegna della Bibbia. Tali elementi intendono orientare verso l'Eucaristia che rimane fonte e culmine della celebrazione della parola, del consenso dei coniugi e della benedizione degli sposi»[149].

Mi pare notevole la delicatezza dei vescovi italiani che hanno voluto evitare una interpretazione diminutiva del rito cercando di rispondere alle diverse sensibilità degli sposi. Naturalmente è doveroso, da parte dei pastori e delle *equipe* di preparazione alla celebrazione delle nozze, evitare delle imposizioni nella scelta della forma del rito favorendo, in un dialogo di fede, il desiderio di riappropriarsi di quella che è la propria identità di battezzato.

La proclamazione della Parola di Dio semina nel cuore degli sposi il

---

[149] RM, *Presentazione*, cit., 7, 14.

progetto di Dio: che è camminare nell'amore per sempre: «Fatevi dunque imitatori di Dio, quali figli carissimi, e *camminate nella carità*, nel modo che anche Cristo vi ha amato e ha dato se stesso per noi, offrendosi a Dio in sacrificio di soave odore» (Ef 5, 1-2).

San Paolo definisce il matrimonio come segue: «Questo *mistero è grande*; lo dico in riferimento a Cristo e alla Chiesa» (Ef 5, 32), che in altre parole possiamo ridefinire come il *grande progetto* in cui entrano a farvi parte la coppia, Dio e tutto il suo popolo.

Basti ricordare quanto il libro dell'Esodo ci narra in riferimento al monte Sinai, quando, manifestandosi nella nube, celebrò le nozze con il popolo d'Israele. Fù il momento in cui ò il patto d'amore con il suo popolo, le cui clausole erano le dieci parole (Es 19-24).

Da quel momento, le coppie ebraiche, ogni qual volta celebrano le nozze, perpetuano lo sposalizio tra Dio e il suo popolo. Per questo, come dicevamo nel primo capitolo, il rito ebraico prevede che gli sposi entrino sotto un baldacchino, siano coperti da un mantello, e venga aperta la *Torah* innanzi a loro.

Anche per le coppie cristiane viene aperto il libro della rivelazione dell'amore di Dio per il suo popolo, e di Cristo per la sua Chiesa: la liturgia della Parola.

La Parola di Dio viene proclamata, solennemente e con dignità, dai lettori a tutta l'assemblea ed in particolare agli sposi. Il lettore si fa voce di Dio che si rivolge personalmente a tutti, soprattutto agli eletti.

Non è un momento improvvisato per gli sposi, e si auspica anche, per tutta la comunità. Quanto piuttosto un momento preparato durante il per-corso prematrimoniale, e adesso accolto come voce di Dio, quale si risponde con profonda convinzione: «Quanto il Signore ha detto, noi lo faremo!» (Es 19, 8).

La Parola di Dio proposta dal LM ripercorre tutta la storia della salvezza dalla Genesi all'Apocalisse, storia d'amore di Dio per il suo popolo, proposta agli sposi perché ne facciano parte per diventarne testimoni e continuatori di tale storia nuziale.

La celebrazione pone una scelta di letture, nell'ampia proposta del LM, che possiamo definire un vero e proprio itinerario biblico della nuzialità che mette in luce la relazione Dio-uomo, Cristo-Chiesa, uomo-donna. Tale itinerario accolto dalla coppia diventa traduzione concreta di amore vissuto nella vita quotidiana.

Alcune situazioni pastorali, come indica il rito, potrebbero rendere opportuna la scelta della celebrazione delle nozze all'interno di una celebrazione della Parola. In tal caso le letture, comunque, illuminano la storia d'amore della coppia. Non esiste amore di coppia – anche quella dei non credenti – che non faccia parte del *progetto di Dio*. Questo ci permette di riconoscere come familiare la modalità simbolica, la metafora che spesso Dio usa nel relazionarsi all'uomo: l'*amante* e l'*amata* come ben ci mostra la densità simbolica del Cantico dei cantici.

Alla luce di quello che abbiamo appena affermato, possiamo dire che la teologia biblica rivela l'interesse che gli autori sacri hanno verso il matrimonio. Pensiamo alle immagini genesiache che offrono una duplice visione della coppia: immagine di Dio, e realizzatrice dell'unità misteriosa dell'*una caro*[150]. Tali immagini arrivano sino all'Apocalisse che alla fine presenta l'incontro della Chiesa, *sposa dell'agnello*, con Cristo *sposo della sposa*[151].

---

[150] Cfr A. SCOLA, *Il Mistero Nuziale,* 1. *Uomo-Donna*, LUP, Roma 2005, 31-62.

[151] L'itinerario antropologico e sponsale dell'Apocalisse che raccoglie, in qualche modo, in

È di vitale importanza non perdere di vista il progressivo coinvolgimento della realtà matrimoniale nel dono dell'alleanza fra Dio e il suo popolo.

Alla luce di questa grande valenza biblica, nel LM ci si è preoccupati di presentare quei testi che più direttamente si riferiscono al sacramento del matrimonio, con un criterio fondamentale: la capacità di illuminare il *grande mistero* che viene celebrato.

In altre parole, quello che il Vangelo proclama direttamente è stato profetizzato dalla lettura veterotestamentaria e arricchito dalla testimonianza apostolica. Ciascuna lettura va compresa nel suo dinamico rapporto con la proclamazione evangelica.

Così inteso, il LM assume nella vita dei coniugi un ruolo di grande importanza a motivo di quelle dimensioni e tematiche che esprime[152]:

- *La dimensione ecclesiologica*. Il sacramento del matrimonio non è qualcosa di personale o familiare ma colloca la famiglia stessa all'interno del mistero della Chiesa di cui condivide la stessa natura[153];
- *La dimensione pneumatologia*, che grazie alla ricchezza gestuale e alle nuove formule del rito è resa più esplicita, ma necessita ancora di essere approfondita in quanto lo Spirito è fonte d'amore;
- *L'aspetto di vocazione-missione*;

chiave escatologica quello dell'intera Scrittura è ben tracciato e analizzato dall'ampio studio già citato di L. PEDROLI, *Dal fidanzamento alla nuzialità escatologica,* cit.

[152] Cfr LM, *Presentazione*, CEI (cur.), LEV, Roma 2004, 7, 14.

[153] GIOVANNI PAOLO II, FC, cit., 628-665, 163-177.

- *Il tema di Cristo-sposo*: esempio da seguire, ma anche mistero in cui immergere la vita di coppia per trarne lumi per una conoscenza più chiara della propria vocazione e del proprio ruolo[154].

Alla luce di questi presupposti si sono delineate delle direttrici di lavoro:

- Una scelta ampia che presenti una visione completa e unitaria della Scrittura;
- la scelta di passi che parlino direttamente del matrimonio sia nell'AT che nel NT o anche in modo simbolico della nuzialità biblica;
- l'aumento di testi che trattino anche di aspetti secondari della vita familiare e matrimoniale;
- la scelta di testi che parlino della vita cristiana in genere e che acquistino grande valore in riferimento al matrimonio come: la missione dei coniugi, la Scrittura sugli stipiti della porta di casa, il sacrificio spirituale della lettera ai Romani, ecc.

Tutto ciò ha portato alla realizzazione di un LM, con ben 82 testimonianze bibliche: 16 letture profetiche dell'AT, 25 testimonianze apostoliche del NT, 18 salmi responsoriali, 23 proclamazioni evangeliche. L'arricchimento del LM non ha la pretesa di offrire materiale per una teologia biblica del matrimonio, quanto piuttosto, di offrire una rassegna di pericopi capace di dare il senso di una progressiva rivelazione del *progetto* originario di Dio sul matrimonio nella storia degli uomini.

Tutto il LM è stato elaborato secondo tredici aree tematiche, in cui si

---

[154] Cfr A. SCOLA, *Il Mistero Nuziale,* 1. *Uomo-Donna*, cit., 91-116; cfr F. PILLONI, (cur.), *Quando lo sposo è con loro*, Effatà, Torino 2005.

intrecciano aspetti antropologici e teologici del matrimonio cristiano[155]. Prima di elencarle è doveroso fare riferimento ai cinque schemi proposti dal n. 62 del RM che sono da «privilegiare nella scelta, in quanto esprimono in modo particolare l'importanza e la dignità del matrimonio nel mistero della salvezza»[156]:

- Primo schema:
  Gen 1, 26-38. 31a: «*Dio creò l'uomo a sua immagine: maschio e femmina li creò*»
  Sal 127, 1-2. 3. 4-5: *Sarà benedetto chi teme il Signore*
  Ef 5, 2a. 25-32: *Questo mistero è grande: io lo dico in riferimento a Cristo e alla Chiesa!*
  Mt 19, 3-6: «*L'uomo non divida quello che Dio ha coniugato*»

- Secondo schema:
  Gen 2, 18-24: *I due saranno un'unica carne*
  Sal 148, 1-2. 3-4. 7a e 9-10. 11-13ab. 13c-14: *Lodiamo il Signore: sia benedetto il suo nome*
  Ef 1, 15-23: *Il padre illumini gli occhi del vostro cuore per farvi comprendere a quale speranza vi ha chiamati*
  Mt 5, 1-16: *Risplenda la vostra luce su tutti quelli che entrano nella vostra casa*

- Terzo schema:
  Is 62, 1-5: *Come gioisce lo sposo per la sposa, così il tuo Dio gioirà per te*
  Sal 32, 12 e 18. 20-21. 22: *Nel Signore gioisca il nostro cuore*
  Ef 1, 3-6: *Il Padre nella sua bontà ci ha voluto figli in Cristo Gesù*
  Gv 15, 1-17: *Io ho scelto voi e vi ho costituiti perché andiate e portiate frutto*

[155] Cfr LM, cit., 8, 14-16.
[156] RM, cit., 62, 44-46.

- Quarto schema:
  Ez 36, 24-28: *Porrò il mio spirito dentro di voi*
  Sal 45, 2-4. 8-9. 10. 11-12: *Dio è per noi rifugio e fortezza*
  Rm 12, 1-2. 9-18: *Offrite i vostri corpi come sacrificio vivente, santo e gradito a Dio*
  Gv 14, 12-17: *Chi crede in me, anch'egli compirà le opere che io compio*

- Quinto schema:
  Ap 19, 1. 5-9a: *Beati gli invitati al banchetto di nozze dell'Agnello*
  Sal 44, 2. 3-4. 5 e 8ab. 11-12. 13-14: *Sia con noi ogni giorno la bontà del nostro Dio*
  Ef 5, 1-2a. 21-33: *Questo mistero è grande: io lo dico in riferimento a Cristo e alla Chiesa!*
  Gv 2, 1-11: *Questo, a Cana di Galilea, fu l'inizio dei segni compiuti da Gesù*

Seguono ora le tredici aree tematiche attorno alle quali è possibile raccogliere il vasto Lezionario in vista di collocare le nozze cristiane nell'ampio panorama dell'amore tra Dio e il suo popolo, tra Cristo e la sua Chiesa:

- *Amore sponsale e carità del Padre*: la vita trinitaria è la fonte e il modello dell'amore di chi si sposa «nel Signore»[157]. La coppia che accoglie la Trinità accoglie: il Padre che è fonte di ogni paternità, il Figlio che manifesta l'intensità dell'amore di Dio per l'uomo, lo Spirito d'amore che comunica la sua stessa capacità d'amare:
  - Rm 8, 31b-35. 37-39: *Chi ci separerà dall'amore di Cristo?*
  - 1Cor 12, 31 – 13, 8a: *Se non avessi la carità, non sarei nulla*
  - 1Gv 3, 18-24: *Amiamo con i fatti e nella verità*
  - 1Gv 4, 7-12: *Dio è amore*

[157] Cfr LM, cit., 8, 14-16.

- Mt 22, 35-40: *Questo è il grande e primo comandamento. Il secondo è simile a quello*

- *Il Matrimonio cristiano nel mistero di Cristo e della Chiesa*. Qui non c'è solo la conoscenza dell'amore di Cristo, troviamo anche l'esperienza di essere riuniti nel suo nome e nella sua compagnia, per poter partecipare al banchetto nuziale dell'Agnello[158]:
  - Ef 3, 14-21: *Dal Padre celeste deriva ogni paternità nelle creature*
  - Ef 4, 1-6: *Un solo Signore... un solo Dio Padre di tutti*
  - Ef 5, 1-2a. 21-33: *Questo mistero è grande: lo dico in riferimento a Cristo e alla Chiesa!*
  - Ap 19, 1.5-9a: *Beati gli invitati al banchetto delle nozze dell'Agnello*
  - Ap 21, 1-5a: *Come una sposa adorna per il suo sposo*
  - Mt 18, 19-22: *Io sono in mezzo a voi*
  - Lc 20, 27-38: *I figli della risurrezione sono figli di Dio*
  - Gv 2, 1-11: *Questo, a Cana di Galilea, fu l'inizio dei segni compiuti da Gesù*
  - Gv 3, 38-36: *Giovanni Battista esulta di gioia alla voce di Cristo sposo*

- *Spirito Santo e Matrimonio*: «L'amore di Dio è stato riversato nei nostri cuori per mezzo dello Spirito Santo», e, soprattutto per gli sposi che celebrano il sacramento dell'amore, lo Spirito è presente come Consolatore «perché egli dimora in voi e sarà in voi», come voce unita a quella della sposa nel dire «Vieni!»[159]. Lo Spirito Santo non evidenziato a sufficienza per molto tempo nella teologia occidentale viene recuperato attraverso testi che indicano come

[158] *Loc. cit.*
[159] *Loc. cit.*

l'amore di Dio sia stato riversato nei nostri cuori per mezzo dello Spirito, e come per gli sposi esso sia il Consolatore:

- Rm 5, 1-5: *L'amore di Dio è stato riversato nei nostri cuori*
- Rm 15, 1b-3a. 5-7. 13: *Accoglietevi gli uni gli altri come Cristo accolse voi*
- 1Ts 5, 14-28: *Non spegnete lo Spirito, non disprezzate le profezie*
- 1Gv 3, 18-24: *Amiamo con i fatti e nella verità*
- Ap 22, 16-17. 20: *Lo Spirito e la sposa dicono: «Vieni!»*

- *Matrimonio e alleanza.* Tale tematica inquadra il matrimonio cristiano nei vari orizzonti dell'alleanza di Dio con il suo popolo: Adamo immagine di Dio, Abramo portatore della benedizione e della promessa, Mosè mediatore dell'alleanza sinaitica, infine l'alleanza eterna sigillata dal sangue dell'Agnello, sposo della Chiesa[160]:

    - Gn 1, 26-28. 31a: *Dio creò l'uomo a sua immagine: maschio e femmina li creò*
    - Tb 8, 4b-8: *Preghiamo e domandiamo al Signore nostro che ci dia grazia e salvezza*
    - Is 54, 5-10: *Anche se i monti si spostassero, non si allontanerebbe da te il mio affetto*
    - Is 62, 1-5: *Come gioisce lo sposo per la sposa, così il tuo Dio gioirà per te*
    - Ger 31, 31-32a. 33-34a: *Con la casa d'Israele e con la casa di Giuda concluderò un'alleanza nuova*
    - Ez 16, 3-14: *Passai vicino a te. Ti vidi e ti amai*
    - Ez 36, 24-28: *Porrò il mio Spirito dentro di voi*
    - Os 2, 16. 17b-22: *Nell'amore e nella benevolenza tu conoscerai il Signore*
    - 1Pt 2, 4-10: *Voi siete il popolo che Dio si è acquistato perché proclami le opere ammirevoli di lui*

---

[160] *Loc. cit.*

- Ap 5, 8-10: *Hai fatto di loro, per il nostro Dio, un regno e sacerdoti*

- *Famiglia Chiesa domestica.* Tale tema, a mio parere, è da considerare come il filo conduttore per una mistagogia costante. Con il gesto rituale del matrimonio i coniugi pongono sugli stipiti della loro casa il comandamento fondamentale dell'alleanza, ed è, all'interno di questo nuovo tempio, che si vive la preghiera come unione con tutta la Chiesa e si professano le meraviglie compiute da Dio[161]:
    - Dt 6, 4-9: *Sugli stìpiti della tua casa e sulle tue porte scriverai: il Signore è il nostro Dio*
    - Tb 7, 6-14: *Il Signore vi assista e vi conceda la sua misericordia e la sua pace*
    - At 1, 12-14: *Erano perseveranti e concordi nella preghiera, con Maria*
    - At 2, 42-47: *Spezzavano il pane nelle case*
    - Ef 5, 1-2a. 21-33: *Questo mistero è grande: io lo dico in riferimento a Cristo e alla Chiesa!*
    - Fil 4, 4-9: *Il Dio della pace sia con voi*
    - 1Pt 3, 1-9: *Siate tutti concordi animati da affetto fraterno*
    - Mt 7, 21. 24-29: *Costruì la sua casa sulla roccia*
    - Lc 1, 39-56: *Beata colei che ha creduto nell'adempimento di ciò che il Signore ha detto*

- *Matrimonio e vita cristiana.* Attraverso la celebrazione delle nozze gli sposi entrano in una dimensione di rivelazione continua che è solo l'inizio di un cammino progressivo[162]:
    - Fil 4, 4-9: *Il Dio della pace sia con voi*
    - Col 3, 12-17: *Ma sopra tutte queste cose rivestitevi della carità, che le unisce in modo perfetto*

---

[161] *Loc. cit.*
[162] *Loc. cit.*

- 1Ts 5, 14-28: *Non spegnete lo Spirito, non disprezzate le profezie*
- 1Gv 3, 18-24: *Amiamo coi fatti e nella verità*
- Mt 5, 1-12a: *Rallegratevi ed esultate, perché grande è la vostra ricompensa nei cieli*
- Mt 5, 1-16: *Risplenda la vostra luce su tutti quelli che entrano nella vostra casa*
- Mt 5, 13-16: *Voi siete la luce del mondo*
- Mt 6, 25-34: *Non preoccupatevi per il domani*

- *Matrimonio e vocazione*. Attraverso la benedizione nuziale gli sposi prendono coscienza del compito che la Chiesa gli affida: essere chiamati a testimoniare il grande amore di Dio per il suo popolo, di Cristo per la sua sposa[163]:
    - Ef 1, 3-6: *Il Padre nella sua bontà ci ha voluto figli in Cristo Gesù*
    - Ef 1, 15-20a: *La chiamata all'amore per una profonda conoscenza del Padre*
    - 1Ts 5, 14-28: *Non spegnete lo Spirito, non disprezzate le profezie*
    - Ap 5, 8-10: *Hai fatto di loro, per il nostro Dio, un regno e sacerdoti*
    - Mt 5, 1-16: *Risplenda la vostra luce su tutti quelli che entrano nella vostra casa*
    - Gv 15, 12-16: *Questo è il mio comandamento: che vi amiate gli uni gli altri*

- *Valore della persona nel Matrimonio*. Questo tema si dirama in tutta la Scrittura a partire dalla Genesi «non è bene che l'uomo sia solo» per arrivare a Marco dove Gesù indica l'adulterio come peccato contro la persona[164]:
    - Gn 2, 18-24: *I due saranno un'unica carne*

---

[163] *Loc. cit.*
[164] *Loc. cit.*

- Gn 24, 48-51. 58-67a: *Isacco amò Rebecca*
- Gn, 29, 9-20: *I sette anni di servizio sembravano pochi a Giacobbe, tanto era il suo amore per Rachele*
- Pro 31, 10-13. 19,20. 30-31: *La donna che teme Dio è da lodare*
- Ct 2, 8-10. 14. 16a; 8, 6-7a: *Forte come la morte è l'amore*
- Sir 26, 1-4. 16-21: *La bellezza di una brava moglie nell'ornamento della casa*
- Mc 10, 6-9: *Non sono più due, ma una sola carne*

• *Matrimonio e testimonianza-missione*. È la missione affidata agli apostoli che viene proclamata innanzi agli sposi chiamati a prendervi parte con il loro nuovo stato di vita[165]:

- 1Pt 2, 4-10: *Voi siete il popolo che Dio si è acquistato perché proclami le opere ammirevoli di lui*
- Mt 5, 1-16: *Risplenda la vostra luce su tutti quelli che entrano nella vostra casa*
- Mt 5, 13-16: *Voi siete la luce del mondo*
- Mt 28, 16-20: *Andate e insegnate a osservare tutto ciò che vi ho comandato*
- Mc 16, 15-20: *Il Signore agiva insieme con loro e confermava la Parola con i segni che l'accompagnavano*
- Gv 15, 12-16: *Questo è il mio comandamento: che vi amiate gli uni gli altri*
- Gv 17, 20-26: *Tutti siamo una sola cosa*

• *L'amore gratuito è capace di perdono*. La carità permette alle singole membra di sentirsi e muoversi come un unico organismo capace di ricominciare sempre andando ben oltre le mortificazioni o i rifiuti e riuscendo a divinizzare l'amore umano[166]:

- Col 3, 9b-17: *Tutto avvenga nel nome del Signore Gesù*
- Mt 18, 19-22: *Io sono in mezzo a voi*

---

[165] *Loc. cit.*
[166] *Loc. cit.*

- Lc 6, 27-36: *Siate misericordiosi come il Padre vostro*
- Lc 14, 12-23: *Beato chi prenderà cibo nel regno di Dio*
- Gv 15, 9-12: *Rimanete nel mio amore*

• *Matrimonio e fedeltà.* La fedeltà, da non considerare quale obbligo giuridico, è segno della presenza del divino nella realtà umana. La possiamo considerare la conseguenza di un mistero d'amore che si vive[167]:

- Eb 13, 1-4a. 5-6: *Il matrimonio sia rispettato da tutti*
- Mt 19, 3-6: *L'uomo non divida quello che Dio ha congiunto*
- Mc 10, 1-12: *Dall'inizio della creazione Dio li fece maschio e femmina*

• *Matrimonio e preghiera.* Quando si tocca questo tasto si rischia di suscitare delle incomprensioni. Sicuramente gli sposi, la famiglia, sono chiamati a vivere dei momenti di preghiera quotidiani insieme, rendendo lode a Dio per le meraviglie che compie nelle loro vite, ma non va dimenticato che ogni azione, se compiuta con fede e con amore, diventa una preghiera gradita a Dio[168]:

- Tb 8, 4b-8: *Preghiamo e domandiamo al Signore nostro che ci dia grazia e salvezza*
- Fil 4, 4-9: *Il Dio della pace sia con voi*
- 1Ts 5, 14-28: *Non spegnete lo Spirito, non disprezzate le profezie*
- Mt 18, 19-22: *Io sono in mezzo a voi*
- Lc 11, 9-13: *Se voi sapete dare cose buone ai vostri figli, quanto più il Padre vostro*
- Gv 14, 12-17: *Chi crede in me, anch'egli compirà le opere che io compio*

---

[167] *Loc. cit.*
[168] *Loc. cit.*

- *Il mistero grande nella dimensione incarnata.* La corporeità, con tutta la gamma dei valori simbolici che rappresenta, è uno dei mezzi di comunicazione privilegiato, come nel precedente capitolo abbiamo avuto modo di vedere[169]:
  - Rm 12, 1-2. 9-18: *Offrite i vostri corpi come sacrificio vivente, santo e gradito a Dio*
  - 1Cor 6, 13c-15a. 17-20: *Il vostro corpo è tempio dello Spirito Santo*
  - Ef 4, 1-6: *Un solo Signore... un solo Dio Padre di tutti*

Le aree tematiche appena accennate ci fanno riconoscere nel nuovo lezionario una ricchezza da non sottovalutare, né durante la preparazione al matrimonio, né, soprattutto, nel cammino mistagogico della vita degli sposi.

Occorre dire una parola sul fatto che alla fine si scelgono solo tre letture. Sorge la domanda: come fare la scelta? È questo un problema pastorale che non può ignorare tutta una serie di fattori che vanno dalla storia personale dei due giovani, a quella della famiglia e dell'intera comunità ecclesiale. Una volta fatta la scelta, occorre ricordare che quelle letture sono il fondamento dell'itinerario pedagogico. Il resto del LM può essere utilizzato per esplicitare ulteriormente la ricchezza biblica del sacramento.

I testi del nuovo LM evidenziano un'attenzione alla dimensione antropologica che permettono di costruire percorsi per coloro che vivono da credenti il loro matrimonio.

Va notato l'ingresso nel nuovo LM dei profeti Isaia, Ezechiele ed Osea, di alcune espressioni salmiche che non hanno un riferimento diretto al matrimonio come i salmi di lode-supplica e di fiducia, ed infine del terzo

---

[169] *Loc. cit.*

evangelista prima assente[170].

Alla luce di questi nuovi contributi possiamo identificare il primato che viene dato alla realtà dell'alleanza che è dono e speranza allo steso tempo.

Il nuovo LM, così arricchito, viene considerato nella *Presentazione* del RM come lo «strumento più adeguato per poter compiere un itinerario mistagogico che annodi rito e vita»[171].

Il mio compito, in questo lavoro di ricerca, non è prettamente esegetico[172]; l'obbiettivo che mi pongo è di rileggere i temi teologici in chiave antropologica, facendo riferimento, a mo' di esempio, solo al testo paolino di Ef 5, 21-33:

> «Nel timore di Cristo, siate sottomessi gli uni gli altri: le mogli lo siano ai loro mariti, come al Signore; il marito infatti è capo della moglie, così come Cristo è capo della Chiesa, lui che è salvatore del corpo. E come la Chiesa è sottomessa a Cristo, così anche le mogli lo siano ai loro mariti in tutto. E voi, mariti, amate le vostre mogli, come anche Cristo ha amato la Chiesa e ha dato se stesso per lei, per renderla santa, purificandola con il lavacro dell'acqua mediante la parola, e per presentare a se stesso la Chiesa tutta gloriosa, senza macchia né ruga o alcunché di simile, ma santa e immacolata. Così anche i mariti hanno il dovere di amare le mogli come il proprio corpo: chi ama la propria moglie, ama se stesso. Nessuno infatti ha mai odiato la propria carne, anzi la nutre e la cura, come anche Cristo fa con la Chiesa, poiché siamo membra del suo corpo. Per questo l'uomo lascerà il padre e la madre e si unirà a sua moglie e i due diventeranno una sola carne. Questo mistero è grande: io lo dico in riferimento a Cristo e alla Chiesa! Così anche voi: ciascuno da parte sua, ami la propria moglie come se stesso, e la moglie sia rispettosa verso il marito» (Ef 5, 21-33).

---

[170] Cfr Is 54, 5-10; Is 62, 1-5; Ez 36, 24-28; Ez 16, 3-14; Os 2, 16. 17b-22; Lc 1, 39-56; Lc 6, 27-36; Lc 11, 9-13; Lc 14, 12-23; Lc 20, 27-38.

[171] RM, cit., 9, 15.

[172] A riguardo rimando al meticoloso studio di B. OGNIBENI, *Il matrimonio alla luce del Nuovo Testamento*, cit.

Questo testo fu usato dal concilio di Trento per provare la sacramentalità del matrimonio, la cui grazia scaturisce dalla passione di Cristo[173].

Come ben sappiamo, nella riflessione paolina non mancano una serie di *codici domestici* di cui il nostro testo fa parte. La conclusione di Ef 5, 31-33 va considerata come una riflessione misterica.

Questi codici domestici regolano le relazioni costitutive all'interno della famiglia, considerata il nucleo originante e costitutivo della struttura statale[174].

In questo testo va notato che gli imperativi non riguardano solo la moglie, ma anche e soprattutto i mariti, e non solo in senso fisico ma anche in senso totalizzante.

L'uso degli imperativi e l'attenzione dell'autore, concentrata sui mariti, sono giustificati dalla relazione tra Cristo e la Chiesa, come fonte e fondamento di senso.

---

[173] Nella 24ª sessione del Concilio di Trento (11 Novembre 1563) il decreto sul matrimonio esprime che la "grazia" del matrimonio cristiano, la sua sacramentalità, proviene dalla passione del Cristo così come essa è evocata nel testo efesino: "la grazia in vero, che perfezionasse quell'amore naturale, ne confermasse l'indissolubile unità e santificasse gli sposi, lo stesso Cristo, autore e perfezionatore dei santi sacramenti, l'ha a noi meritata con la sua passione. Ciò cui Paolo apostolo accenna quando dice: "e voi mariti amate le vostre mogli come Cristo ha amato la Chiesa e ha dato se stessa per lei" Ef 5, 25, aggiungendo poco dopo: "questo mistero è grande; ma io dico riguardo a Cristo e alla Chiesa" Ef 5, 32. Poiché, quindi, il matrimonio nella legge evangelica è superiore per grazia a causa di Cristo agli antichi matrimoni, giustamente i nostri santi padri, i concili e la tradizione della Chiesa universale hanno sempre insegnato ad annoverarlo tra i sacramenti della nuova legge". Cfr CONCILIUM TRIDENTINUM, sessio XXIV (11 novembre 1536), *Doctrina et canones de sacramento matrimonii*, cap. IV De ecclesiastica hierarchia et ordinazione, in H. DENZINGER (cur.), *Enchiridion symbolorum,*cit., 1797-1800. La grazia rende possibile la differenza tra il matrimonio umano che ha come sigillo l'amore naturale e il matrimonio dei cristiani sigillato dall'amore sacramento che passa, in forza della Passione, tra Cristo e la Chiesa.

[174] Cfr P. H. TOWNER, *Codici domestici*, in G. F. HAWTHORNE – R. P. MARTIN – D. G. REID (ed.), *Dizionario di Paolo e delle sue lettere*, San Paolo, Cinisello Balsamo 1999, 252-256.

Per ben sette volte, nella pericope, ricorre il linguaggio comparativo: *come, così come*. Questo sta ad indicare che il legame tra Cristo e la Chiesa stravolge l'ordinaria relazione tra i coniugi del tempo divenendo normativo per un nuovo rapporto nuziale fondato nel *mysterium*.

Prendere coscienza di questa dinamica implica il riconoscimento di una priorità del legame sponsale di Cristo per la Chiesa sulla realtà del dono reciproco uomo-donna. Significa riconoscere la priorità dell'Alleanza divina, dell'Amore divino con le sue esigenze, sulla realtà umana del matrimonio[175]. Questa priorità, dell'Altro, è ciò che viene ricordato agli sposi quando nella liturgia si proclamano testi come Ct 8, 6s: «Forte come la morte è l'amore, tenace come gli inferi la passione: le sue vampe son vampe di fuoco, una fiamma del Signore!» o come 1Cor 12, 31b – 14, 1a, anch'esso presente nel LM.

La Chiesa, pur essendo oggetto delle cure di Cristo, non è mai chiamata "sposa" né "donna" nel testo, né Cristo viene mai chiamato suo "sposo".

È il collocarsi nella carne, il manifestarsi nel registro del corpo che ci conduce a comprendere, ed interpretare in chiave nuziale, il rapporto tra Cristo e la Chiesa, e conseguentemente, a riformulare e reinterpretare le relazioni uomo-donna[176].

Cristo è il salvatore del corpo Ef 5, 23, che riconosce come proprio, e per questo lo nutre e lo cura, due azioni attribuibili contemporaneamente ad uno sposo e ad una madre.

È in questo registro di auto dedizione corporea del Cristo alla Chiesa suo corpo che si spiega il mistero della parola della Scrittura: «Per questo

---

[175] Cfr A. SCOLA, *Il Mistero Nuziale, 2. Matrimonio-Famiglia*, LUP, Città del Vaticano 2007, 123-136.

(proprio per questo, grazie e in funzione di questo) l'uomo lascerà (potrà lasciare, veramente) suo padre e sua madre e si unirà alla sua donna e i due diventeranno una cosa sola» (Gn 2, 24).

È l'*una caro* realizzata salvificamente da Cristo con la Chiesa, il vero, unico matrimonio in cui Cristo consegna se stesso (*tradaere*) per la salvezza dell'intero corpo[177].

Un corpo santo e immacolato Cristo rende alla Chiesa (Rm 12, 1-2; 1Cor 6, 13a-15a. 17-20), e nel nutrirla e nel prendersene cura esso rivela il fine ultimo della promessa iscritta nella sessualità che fa dei due una carne sola e di ogni corpo un *corpo nuziale*. *Una caro* è il corpo redento, reso matrimoniale da Cristo, in Cristo, a Cristo sposo.

Possiamo notare in Ef 5, 27, che Cristo è al contempo sposo e colui che prepara la sposa, cioè colui che nel fidanzamento e nei riti sponsali giudaici si occupava di custodire e preparare la sposa allo sposo (Gv 3, 29; 2 Cor 11, 2)[178]. Cristo è l'unico in grado di preparare la sposa a se stesso.

Per comprendere meglio quanto dalla lettera agli Efesini abbiamo evidenziato occorre anche, a mio parere, dare un breve sguardo a ciò che significava l'autorità nella cultura dell'epoca.

L'autorità era garanzia dell'ordine, di conseguenza anche della pace. Mentre per noi oggi le *disuguaglianze* sono cause di conflitto, per gli antichi, al contrario, lo erano le *uguaglianze*. La preoccupazione degli apostoli era quella di evitare che la comune professione di fede modificasse

---

[176] *Loc. cit.*

[177] Si pensi ai testi del Cantico dei cantici presenti nel Lezionario e a quello assente: «Tutta bella tu sei, amica mia, in te nessuna macchia» Ct 4,7.

[178] Cfr M. A. NICOLACI, *Il Lezionario del matrimonio: tematiche teologiche e percorsi antropologici*, in *La celebrazione del matrimonio cristiano,* cit., 96.

gli equilibri interni tra: moglie e marito, figli e genitori e schiavi e padroni. L'obbiettivo era di regolare le disuguaglianze con un nuovo principio di appartenenza[179].

Abbiamo a che fare, evidentemente, con famiglie di stampo patriarcale. Diventa, dunque, indispensabile distinguere tra il modello storico-culturale, che cambia nel tempo, e la dottrina dell'amore di Cristo, che è immutabile, quale modello dell'amore coniugale. Nella nostra società la priorità sta nel focalizzare il vero significato dell'amore. Senza l'amore cristiano, come dono disinteressato, nelle famiglie passate, presenti e future regnano: odio, frustrazione, ricatto, infedeltà e tanto oltre[180].

A quei tempi, l'amore non era una cosa scontata. Altrettanto potremmo dire per l'oggi, infatti l'amore è spesso confuso con le passioni o il sentimentalismo[181].

La lettera agli Efesini porta un messaggio attualissimo. Essa si concentra verso i mariti perché amino le mogli come Cristo ha amato e ama la Chiesa, alle moglie è fatta esortazione di sottomissione. A quel tempo la sottomissione era un dato che tutti accettavano, mentre non lo era l'amore dei mariti. Ne consegue che le mogli possono e devono amare come Cristo ama, e anche i mariti devono imparare a vivere nelle relazioni domestiche una sottomissione come quella che la Chiesa cerca di vivere nei confronti di Cristo[182].

Nella *Presentazione* del LM l'ultima area tematica è presentata in

---

[179] Cfr B. OGNIBENI, *Il matrimonio alla luce del Nuovo Testamento*, cit., 172.
[180] *Loc. cit.*
[181] Cfr J. NORIEGA, *Il destino dell'eros, prospettive di morale sessuale*, EDB, Bologna 2007, 95-146.
[182] Cfr B. OGNIBENI, *Il matrimonio alla luce del Nuovo Testamento*, cit., 172-173.

questi termini: «*Il mistero grande della dimensione incarnata*: il valore del corpo e la sua possibilità di comunicazione profonda e totalizzante, un aspetto dell'incarnazione forse finora sottovalutato»[183]. Tanti testi del LM potrebbero essere raccolti in questa prospettiva e ne potrebbero essere considerati altri che in esso non sono ancora entrati[184].

Quanto è stato detto in Gn 2, 24 si è realizzato veramente in Cristo e nella Chiesa. La realtà del matrimonio annunciata profeticamente dalla Scrittura è realizzata soltanto da/in Cristo e dalla/nella Chiesa.

La nuzialità umana deriva dal mistero divino. Prima c'è il mistero divino e poi la nuzialità umana, la nuzialità del corpo che questo mistero esige, permette, fonda e rende sacramentale[185].

Il LM, come si è visto, è lo strumento che la Chiesa italiana ha messo a disposizione dei nubendi, degli sposi e di tutti coloro che a vario titolo li accompagnano nell'interpretare e vivere la scelta di vita matrimoniale alla luce della Parola di Dio e del mistero pasquale.

La Parola di Dio attesta che la storia matrimoniale, se celebrata in Cristo, rivela il *mistero grande*, e lo fa senza dimenticare che il fatto antropologico del matrimonio è il luogo di intervento, lungo, lento, ma privilegiato di Dio nella storia della salvezza, uno spazio umano di relazione talmente costitutivo da diventare sacramento[186].

---

[183] LM, cit., 8, 16.

[184] Faccio riferimento a tipologie di testi: si considerino, oltre ai testi del Cantico che non sono stati considerati nel Lezionario, anche testi di particolare bellezza come il racconto tra il re Assuero e la regina Ester (Est 5, 1-2). Si tratta di testi narrativi o poetici che potrebbero fare pregustare la bellezza, la gloria e la vita di cui l'amore degli sposi è sacramento.

[185] Per un approfondimento in ordine alla relazionalità tra il mistero divino e la nuzialità umana cfr M. OUELLET, *Mistero e Sacramento dell'Amore. Teologia del matrimonio e della famiglia per la nuova evangelizzazione*, Cantagalli, Siena 2007.

[186] Per un approfondimento in merito cfr M. OUELLET, *Divina somiglianza. Antropologia*

Alla luce di quanto detto possiamo affermare che noi cristiani abbiamo ancora un lungo cammino matrimoniale da percorrere alla scuola della *sensibilità antropologica* che ci viene offerta dall' AT.

Forse non sono tanto: «gli aspetti pneumatologici, ecclesiologici e cristologici che hanno bisogno di un forte recupero nella teologia del matrimonio»[187], quanto piuttosto le forme antropologiche concrete di queste dimensioni specificamente cristiane, che possono dare al matrimonio cristiano un significato profetico, escatologico ed universale rendendolo veramente, come affermano le pericopi evangeliche che il LM trae dall'evangelista Matteo, *luce del mondo*, *lucerna non sotto il moggio ma sopra il lucerniere* e *città collocata sopra un monte*[188].

Dopo la proclamazione della Parola e la venerazione del testo sacro, il presbitero prosegue con l'omelia che, stando alle indicazioni del rito, deve:

> «[...] tenere [...] a partire dal testo sacro, illustrando il mistero del Matrimonio cristiano, la dignità dell'amore coniugale, la grazia del sacramento e i doveri degli sposi, tenendo tuttavia conto delle concrete situazioni degli sposi e dei presenti»[189].

3 Liturgia del Matrimonio

L'attuale rito propone una varietà e ricchezza di testi eucologici. Questa scelta corrisponde non tanto ad una preoccupazione catechetica o didascalica, quanto piuttosto alla necessità di adattarsi alla diversità delle

---

trinitaria della famiglia, LUP, Roma 2004.

187 Cfr R. CECOLIN, *Il lezionario del nuovo rito del matrimonio*, cit., 1021.

188 Cfr M. A. NICOLACI, *Il Lezionario del matrimonio: tematiche teologiche e percorsi antropologici*, cit., 100.

189 RM, cit., 64, 46.

situazioni in cui, sia l'assemblea sia gli stessi sposi, vengono a trovarsi, per cui risulta utile scoraggiare il ricorso all'improvvisazione.

Subito dopo l'omelia, a seguito dell'osservazione di un doveroso silenzio, il sacerdote si rivolge agli sposi, tra due formule, la seconda quali di nuova composizione accentuazioni pneumatologiche e cristologiche, interrogandoli prima del consenso:

> «Carissimi N. e N., siete venuti insieme nella casa del Padre, perché la vostra decisione di unirvi in Matrimonio riceva il suo sigillo e la sua consacrazione, davanti al ministero della Chiesa e davanti alla comunità. Voi siete già consacrati mediante il Battesimo: ora Cristo vi benedice e vi rafforza con il sacramento nuziale, perché vi amiate l'un l'altro con amore fedele e inesauribile e assumiate responsabilmente i doveri del matrimonio. Pertanto vi chiedo di esprimere davanti alla Chiesa le vostre intenzioni»; oppure: «Carissimi N. e N., siete venuti nella casa del Signore, davanti al ministro della Chiesa e davanti alla comunità, perché la vostra decisione di unirvi in Matrimonio riceva il sigillo dello Spirito Santo, sorgente dell'amore fedele e inesauribile. Ora Cristo vi rende partecipi dello stesso amore con cui egli ha amato la sua Chiesa, fino a dare se stesso per lei. Vi chiedo per tanto di esprimere le vostre intenzioni»[190].

Ambedue le esortazioni sono rivolti agli sposi i quali chiedono il sigillo della loro unione Santissima Trinità, affinché l'amore reciproco di entrambi, ad imitazione di quello di Cristo per la sua Chiesa, sia fedele ed inesauribile.

Questo è il momento in cui, attraverso la scelta di una delle due formule a disposizione, gli sposi esprimono apertamente le loro intenzionalità, davanti al ministro della Chiesa e alla comunità, in modo analogo a quanto avviene per la consacrazione dei presbiteri.

---

[190] *Ibid.*, 66-67, 47-48.

La prima ha una impostazione interrogativa:

> «N. e N., siete venuti a celebrare il Matrimonio senza alcuna costrizione, in piena libertà e consapevoli del significato della vostra decisione? Si. Siete disposti, seguendo la via del Matrimonio, ad amarvi e onorarvi l'un l'altro per tutta la vita? Si. Siete disposti ad accogliere con amore i figli che Dio vorrà donarvi e a educarli secondo la legge di Cristo e della sua Chiesa? Si.»[191].

La seconda formula è una esplicita dichiarazione degli sposi che pronunciano insieme:

> «Compiuto il cammino di fidanzamento, illuminati dallo Spirito Santo e accompagnati dalla comunità cristiana, siamo venuti in piena libertà nella casa del Padre perché il nostro amore riceva il sigillo di consacrazione. Consapevoli della nostra decisione, siamo disposti, con la grazia di Dio, ad amarci e sostenerci l'un l'altro per tutti i giorni della vita. [Ci impegniamo ad accogliere con amore i figli che Dio vorrà donarci e a educarli secondo la Parola di Cristo e l'insegnamento della Chiesa.] chiediamo a voi, fratelli e sorelle, di pregare con noi e per noi perché la nostra famiglia diffonda nel mondo luce, pace e gioia»[192].

In questa seconda formula vanno evidenziate alcune particolarità. Sin da subito si fa riferimento al cammino di fidanzamento che, evidentemente, è indispensabile per accedere alla celebrazione delle nozze. In esso un ruolo importante lo ricopre lo Spirito Santo – dimensione pneumatologia – che illumina gli sposi nel cammino di preparazione e non solo. Si prosegue facendo riferimento alla comunità cristiana – dimensione ecclesiale – il cui compito è quello dell'accompagnamento e della richiesta di intercessione per la nuova famiglia che si viene a costituire affinché *diffonda nel mondo* – missionaria – *luce pace e gioia*.

---

[191] *Ibid.*, 68, 48-49.
[192] *Ibid.*, 69, 49.

Valori essenziali del matrimonio in Cristo risultano: la libertà, l'amore indissolubile, la paternità/maternità che si apre al dono della vita nei figli e alla loro educazione.

La prima caratteristica di un progetto matrimoniale è la libertà. La piena libertà di cui si parla è garantita dall'illuminazione dello Spirito Santo, come afferma la seconda formula: «Il Signore è lo Spirito e dove c'è lo Spirito del Signore c'è la libertà» (2 Cor 3, 17). La scelta che si pone nella ritualità matrimoniale è il punto di approdo di un cammino di totale libertà che i coniugi sono chiamati, a partire dalla celebrazione, a rielaborare nel nuovo stato di vita. Naturalmente, questa scelta deve essere dettata dall'amore.

La seconda caratteristica evidenziata è l'amore. Esso è condizione indispensabile per la vita matrimoniale che mira alla totalità della persona superando la logica del solo piacere di stare insieme o di un progetto limitato nel tempo. Della logica dell'amore parla il requisito dell'indissolubilità che si colloca nella logica di Dio, fatta di infinito, di eterno senza alcuna pretesa di esaurimento.

L'ultima peculiarità è l'apertura all'accoglienza della vita. I coniugi sono chiamati a professare a chiare lettere le seguenti parole: «Io accolgo te» che vanno ben oltre l'accoglienza fisica del partner, perché in essa c'è anzitutto l'accoglienza di un amore che per sua natura è fecondo. Quindi accolgo te e i figli che con te «Dio vorrà donarci», questo inciso è un riconoscimento di Dio quale sorgente della vita. Soltanto se accolta, l'esistenza può essere donata. L'educazione dei figli, ed in modo particolare l'educazione cristiana, scaturisce proprio dal saperli riconoscere come dono.

Segue la manifestazione del consenso, proponibile in tre formule diverse, con l'invito del sacerdote nel quale si evidenzia che *il Signore* è *inizio e compimento dell'amore* degli sposi, ulteriore conferma che il cuore delle nozze e della vita familiare è il Signore:

> «Se dunque è vostra intenzione unirvi in Matrimonio, datevi la mano destra ed esprimete davanti a Dio e alla Chiesa il vostro consenso»; oppure: «Alla presenza di Dio e davanti alla Chiesa qui riunita, datevi la mano destra ed esprimete il vostro consenso. Il Signore, inizio e compimento del vostro amore, sia con voi sempre.»[193].
>
> Prima formula:
>
> «Io N., accolgo te, N., come mia/o sposa/o. Con la grazia di Cristo prometto di esserti fedele, nella gioia e nel dolore, nella salute e nella malattia, e di amarti e onorarti tutti i giorni della mia vita»[194].

Questa prima formula richiama quella del precedente rito, ma con il significativo mutamento dell'incipit *accolgo te* invece che *prendo te* che permette di superare l'idea del possesso e fa recuperare l'antropologia biblica per la quale l'uomo e la donna sono dono di Dio l'uno all'altro da accogliere con stupore: «Il Signore Dio plasmò con la costola, che aveva tolta all'uomo, una donna e la condusse all'uomo. Allora l'uomo disse: "Questa volta essa è carne della mia carne e osso delle mie ossa. La si chiamerà donna perché dall'uomo è stata tratta» (Gen 2, 22-23). Essa inoltre implica il superamento di un certo volontarismo con l'aggiunta dell'espressione *con la grazia di Cristo*.

---

[193] *Ibid.*, 70, 50.
[194] *Ibid.*, 71, 50-51.

Seconda formula:

> «Lo/a sposo/a: N., vuoi unire la tua vita alla mia, nel Signore che ci ha creati e redenti? Lo/a sposo/a: Sì, con la grazia di Dio, lo voglio. Insieme: Noi promettiamo di amarci fedelmente, nella gioia e nel dolore, nella salute e nella malattia, e di sostenerci l'un l'altro tutti i giorni della nostra vita.»[195].

In questa seconda formula, di nuova composizione, gli sposi promettono di unire le loro vite sulla professione di fede al Dio creatore e redentore, riponendo il loro impegno di reciproca fedeltà nella grazia di Dio che è la fonte e l'alimento del loro amore; in tal modo, gli sposi sono aiutati a superare qualsiasi tentazione di volontarismo.

Terza formula:

> «N., vuoi accogliere N., come tua/o sposa/o nel Signore, promettendo di esserle/gli fedele sempre, nella gioia e nel dolore, nella salute e nella malattia, e di amarla/o e onorarla/o tutti i giorni della tua vita? Sì.»[196].

La terza formula è da utilizzare quando lo richiedono motivazioni pastorali. Si propone in forma interrogativa come nel precedente rito, con l'importante variante: *vuoi accogliere come tuo/a sposo/a nel Signore*?

Attraverso queste tre formule di consenso si manifesta la prioritaria volontà di Dio di farsi compagno dell'uomo nel cammino della vita e la conseguente accoglienza dell'uomo di camminare insieme con Dio. In particolare nella seconda formula gli sposi chiedono reciprocamente di unire le loro vite nel Signore che li ha creati.

---

[195] *Ibid.*, 72, 51-52.
[196] *Ibid.*, 73, 52.

Va subito notato il cambiamento di rotta del nuovo rito. Si è passati dalla usuale formula dell'«io prendo te», nell'attuale «io accolgo te». Il riferimento biblico è il seguente:

> «Il Dio della perseveranza e della consolazione vi conceda di avere gli uni verso gli altri gli stessi sentimenti ad esempio di Cristo Gesù, perché con un solo animo e una voce sola rendiate gloria a Dio, Padre del Signore nostro Gesù Cristo. Accogliendovi perciò gli uni gli altri come Cristo accolse voi, per la gloria di Dio» (Rm 15, 5-7).

L'indicazione paolina pone Cristo quale modello e realtà sostanziale di accoglienza tra gli sposi. Gli sposi si accolgono l'un l'altro come Cristo accoglie la Chiesa, ma anche si amano di amore oblativo come Cristo ama la Chiesa.

La vita non va accolta soltanto alle origini, ma anche nello scambio reciproco, come quello matrimoniale, alla cui base si pone il dono di sé, che rende i due protagonisti un cuor solo e un'anima sola. Da ciò scaturisce come necessaria una spiritualità comunitaria, cioè una docilità allo Spirito nella vita familiare, nelle scelte concrete, nelle decisioni relative ai figli e a tutto ciò che concerne la comunione.

Ci troviamo a scalare nuove vette, perché la spiritualità cristiana ancora oggi è orientata in un ambito individuale, che è indispensabile ma insufficiente perché si abbia una vera Chiesa domestica, e di conseguenza un grande corpo ecclesiale.

Nella reciproca accoglienza si delinea la promessa di fedeltà nelle varie circostanze della vita. Tale promessa va ricollegata a quella divina espressa attraverso il profeta: «Ti farò mia sposa per sempre, ti farò mia sposa nella giustizia e nel diritto, nella benevolenza e nell'amore» (Os 2, 21).

È quindi una promessa fondata nel nome del Signore, altrimenti il rischio sarebbe quello di basarsi sulla buona volontà reciproca e non sulla gratuita azione divina. Per questo, a sigillo di quanto avvenuto, il presbitero stendendo la mano su quelle unite degli sposi così conclude:

> «Il Signore onnipotente e misericordioso confermi il consenso che avete manifestato davanti alla Chiesa e vi ricolmi della sua benedizione. L'uomo non osi separare ciò che Dio unisce. Amen.»; oppure: «Il dio di Abramo, il Dio di Isacco, il Dio di Giacobbe, il Dio che nel paradiso ha unito Adamo ed Eva confermi in Cristo il consenso che avete manifestato davanti la Chiesa e vi sostenga con la sua benedizione. L'uomo non osi separare ciò che Dio unisce. Amen»[197].

In questo intreccio di mani, di reciproca accoglienza, di promessa di fedeltà, si rivela la grandezza di un avvenimento che ha il valore di un evento di salvezza. Per questo, la conclusione, risuona con toni solenni: «L'uomo non osi separare ciò che Dio unisce».

Segue la benedizione e lo scambio degli anelli segno visibile e duraturo nel tempo di quanto sta accadendo in quel preciso luogo e momento per ambedue gli sposi:

> «Il Signore benedica † questi anelli, che vi donate scambievolmente in segno di amore e fedeltà»; oppure: «Signore, benedici † questi anelli nuziali: gli sposi che li porteranno custodiscano integra la loro fedeltà, rimangano nella tua volontà e nella tua pace e vivano sempre nel reciproco amore. Per Cristo nostro Signore. Amen»; oppure: «Signore, benedici † e santifica l'amore di questi sposi: l'anello che porteranno come simbolo di fedeltà li richiami continuamente al vicendevole amore. Per Cristo nostro Signore. Amen»; oppure: «Il Signore benedica † questi anelli che vi donate come segno di fedeltà nell'amore. Siano per voi ricordo vivo e lieto di quest'ora di grazia»[198].

---

[197] *Ibid.*, 74-75, 53.
[198] *Ibid.*, 76, 53-54.

«N., ricevi questo anello, segno del mio amore e della mia fedeltà. Nel nome del Padre e del Figlio e dello Spirito Santo»[199].

La benedizione e la consegna degli anelli sono proposte in quattro formule di cui l'ultima è nuova. Nella terza l'anello è riconosciuto come simbolo che sta a significare la fedeltà reciproca. Fedeltà che è unita all'amore come viene esplicitamente detto nella consegna dell'anello.

In altre parole, possiamo parlare di *amore fedele* o *fedeltà nell'amore* che va custodito in modo integro vivendo sempre nella volontà del Signore che attraverso il segno esteriore – l'anello – continuamente si propone quale *ricordo vivo e lieto di quest'ora di grazia.*

Lo scambio reciproco, come attesta la prima preghiera di benedizione, è un consegnarsi l'uno all'altro come afferma anche l'apostolo: «Io, infatti, ho ricevuto dal Signore quello che a mia volta vi ho trasmesso [...]» (1 Cor 11, 23).

L'amore consiste in una realtà dinamica che costantemente è richiamata dal segno dell'anello che, nell'ora di grazia della celebrazione, instaura indelebilmente il ricordo vivo di un dono: «Vi esorto, fratelli, per la misericordia di Dio, ad offrire i vostri corpi come sacrificio vivente, santo e gradito a Dio; è questo il vostro culto spirituale» (Rm 12, 1).

Il rito termina con il sigillo trinitario. Attraverso il nome di Dio viene impressa solidità al matrimonio. Viene auspicato che gli sposi rimangano sempre nell'amore di Dio: «Rimanete in me e io in voi. Come il tralcio non può far frutto da se stesso se non rimane nella vite, così anche voi se non rimanete in me» (Gv 15, 14).

---

[199] *Ibid.*, 77, 54-55.

Il rito prevede in questo momento l'incoronazione degli sposi. A riguardo rimando a quanto già detto nel primo capitolo.

3.1 Benedizione nuziale

Segue la benedizione nuziale, che durante la messa si intreccia con la celebrazione del mistero pasquale, favorendo reciproci rimandi tra la dimensione nuziale dell'eucaristia e la dimensione eucaristica della nuzialità.

Va notato che in riferimento alla benedizione nuziale il rito prevede una doppia possibilità di collocazione: subito dopo la manifestazione del consenso, seguita dall'incoronazione, se avviene; oppure in sostituzione all'embolismo, subito dopo il Padre nostro e prima della comunione[200].

Nel caso si opti per la prima scelta, la benedizione qualifica ulteriormente il consenso, specificando l'orizzonte trinitario dell'avvenimento dell'amore, e la forza dello Spirito che viene incontro alla coppia. In questo modo la benedizione e il consenso costituiscono una unità linguistica con la celebrazione della Parola attualizzata_dall'omelia. Questa soluzione a mio parere è quella da preferire proprio per evitare il rischio di ridurre, come nel passato, la celebrazione eucaristica a mera cornice del rito nuziale.

Se invece la benedizione viene posta tra il Padre nostro e la comunione, in sostituzione all'embolismo, il testo assume una specificazione rispetto a ciò che lo precede e a ciò che lo segue. Tale specificazione è data dal contesto conviviale. La benedizione si connota per la circolarità tra l'amore nuziale di Cristo per la Chiesa e l'intensità eucaristica, cui è chiamata la coppia; il riferimento al corpo – dato per – nell'auto donazione di Gesù per l'umanità, diventa il paradigma della vera nuzialità nel dono reciproco del corpo[201].

Sono previste, a scelta, quattro formule di cui una, l'ultima, di recente composizione.

Prima formula di benedizione:

> «*Esortazione del presbitero* – Fratelli e sorelle, invochiamo con fiducia il Signore, perché effonda la sua grazia e la sua benedizione su questi sposi che celebrano in Cristo il loro Matrimonio: egli che li ha uniti nel patto santo [per la comunione al corpo e al sangue di Cristo] li confermi nel reciproco amore. *Preghiera di benedizione* – O Dio con la tua onnipotenza hai creato dal nulla tutte le cose e nell'ordine primordiale dell'universo hai formato l'uomo e la donna a tua immagine, donandoli l'un l'altro come sostegno inseparabile, perché siano non più due, ma una sola carne; così hai insegnato che non è mai lecito separare ciò che tu hai costituito in unità. O Dio, in un mistero così grande hai consacrato l'unione degli sposi e hai reso il patto coniugale sacramento di Cristo e della Chiesa. O Dio, in te, la donna e l'uomo si uniscono, e la prima comunità umana, la famiglia, riceve in dono quella benedizione che nulla poté cancellare, né il peccato originale né le acque del diluvio. Guarda ora con bontà questi tuoi figli che, uniti nel vincolo del Matrimonio, chiedono l'aiuto della tua benedizione: effondi su di loro la grazia dello Spirito Santo perché, con la forza del tuo amore diffuso nei loro cuori, rimangano fedeli al patto coniugale. In questa tua figlia N. dimori il dono dell'amore e della pace e sappia imitare le donne sante lodate dalla Scrittura. N., suo sposo, viva con lei in piena comunione, la riconosca partecipe dello stesso dono di grazia, la onori come uguale nella dignità, la ami sempre con quell'amore con il quale Cristo ha amato la sua Chiesa. Ti preghiamo, Signore, affinché questi tuoi figli rimangano uniti nella fede e nell'obbedienza ai tuoi comandamenti; fedeli a un solo amore, siano esemplari per integrità di vita; sostenuti dalla forza del Vangelo, diano a tutti buona testimonianza di Cristo. [Sia feconda la loro

---

[200] Cfr *ibid.*, 79, 55.

[201] Cfr A. GRILLO, "Il matrimonio e la salvezza dell'altro. Per una teologia liturgica del rito secondo l'edizione italiana", in *Rivista Liturgica* 91/6 (2004) 1025-1038.

unione, diventino genitori saggi e forti e insieme possano vedere i figli dei loro figli.] e dopo una vita lunga e serena giungano alla beatitudine eterna del regno dei cieli. Per Cristo nostro Signore. Amen»[202].

Seconda formula di benedizione:

«*Esortazione del presbitero* – Preghiamo il Signore per questi sposi, che all'inizio della vita matrimoniale si accostano all'altare perché [con la comunione al corpo e al sangue di Cristo] siano confermati nel reciproco amore. *Preghiera di benedizione* – Padre Santo, tu hai fatto l'uomo a tua immagine: maschio e femmina li hai creati, perché l'uomo e la donna, uniti nel corpo e nello spirito, fossero collaboratori della tua creazione. O Dio, per rivelare il disegno del tuo amore hai voluto adombrare nella comunione di vita degli sposi quel patto di alleanza che hai stabilito con il tuo popolo, perché, nell'unione coniugale dei tuoi fedeli, realizzata pienamente nel sacramento, si manifesti il ministero nuziale di Cristo e della Chiesa. O Dio, stendi la tua mano su N. e N. ed effondi nei loro cuori la forza dello Spirito Santo. Fa', o Signore, che, nell'unione da te consacrata, condividano i doni del tuo amore e, diventando l'uno per l'altro segno della tua presenza, siano un cuor solo e un'anima sola. Dona loro, Signore, di sostenere anche con le opere la casa che oggi edificano. [Alla scuola del Vangelo preparino i loro figli a diventare membri della tua Chiesa.] dona a questa sposa N. benedizione su benedizione: perché, come moglie [e madre], diffonda la gioia nella casa e la illumini con generosità e dolcezza. Guarda con paterna bontà N., suo sposo: perché, forte della tua benedizione, adempia con fedeltà la sua missione di marito [e di padre]. Padre santo, concedi a questi tuoi figli che, uniti davanti a te come sposi, comunicano alla tua mensa, di partecipare insieme con gioia al banchetto del cielo. Per Cristo nostro Signore. Amen»[203].

Terza formula di benedizione:

«*Esortazione del presbitero* – Fratelli e sorelle, raccolti in preghiera, invochiamo su questi sposi, N. e N., la benedizione di Dio: egli, che oggi li ricolma di grazia con il sacramento del Matrimonio, li accompagni sempre con la sua protezione. *Preghiera di benedizione* – Padre Santo, creatore dell'universo, che hai formato l'uomo e la donna

---

[202] RM, 85, 60-62.

[203] *Ibid.*, 86, 62-63.

a tua immagine e hai voluto benedire la loro unione, ti preghiamo umilmente per questi tuoi figli, che oggi si uniscono con il sacramento nuziale. [V. Ti lodiamo, Signore, e ti benediciamo R. Eterno è il tuo amore per noi]. Scenda, o Signore, su questi sposi N. e N. la ricchezza delle tue benedizioni, e la forza del tuo Santo Spirito infiammi dall'alto i loro cuori, perché del dono reciproco dell'amore allietino di figli la loro famiglia e la comunità ecclesiale. [V. Ti lodiamo, Signore, e ti benediciamo R. Eterno è il tuo amore per noi]. Ti lodino, Signore, nella gioia, ti cerchino nella sofferenza; godano del tuo sostegno nella fatica e del tuo conforto nella necessità; ti preghino nella santa assemblea, siano tuoi testimoni nel mondo. Vivano a lungo nella prosperità e nella pace e, con tutti gli amici che ora li circondano, giungano alla felicità del tuo regno. Per Cristo nostro Signore. Amen»[204].

Quarta formula di benedizione:

«*Esortazione del presbitero* – Fratelli e sorelle, invochiamo su questi sposi, N. e N., la benedizione di Dio: egli, che oggi li ricolma di grazia con il sacramento del Matrimonio, li accompagni sempre con la sua protezione. *Preghiera di benedizione* – O Dio, Padre di ogni bontà, nel tuo disegno d'amore hai creato l'uomo e la donna perché, nella reciproca dedizione, con tenerezza e fecondità vivessero lieti nella comunione. [V. Ti lodiamo, Signore, e ti benediciamo R. Eterno è il tuo amore per noi]. Quando venne la pienezza dei tempi hai mandato il tuo Figlio, nato da donna. A Nazareth, gustando le gioie e condividendo le fatiche di ogni famiglia umana, è cresciuto in sapienza e grazia. A Cana di Galilea, cambiando l'acqua in vino, è divenuto presenza di gioia nella vita degli sposi. Nella croce si è abbassato fin nell'estrema povertà dell'umana condizione, e tu, o Padre, hai rivelato un amore sconosciuto ai nostri occhi, un amore disposto a donarsi senza chiedere nulla in cambio. [V. Ti lodiamo, Signore, e ti benediciamo R. Eterno è il tuo amore per noi]. Con l'effusione dello Spirito del Risorto hai concesso alla Chiesa di accogliere nel tempo la tua grazia e di santificare i giorni di ogni uomo. [V. Ti lodiamo, Signore, e ti benediciamo R. Eterno è il tuo amore per noi]. Ora, Padre, guarda N. e N., che si affidano a te: trasfigura quest'opera che hai iniziato in loro e rendila segno della tua carità. Scenda la tua benedizione su questi sposi, perché, segnati col fuoco dello Spirito, diventino Vangelo vivo tra gli uomini. [Siano

[204] *Ibid.*, 87, 64-65.

> guide sagge e forti dei figli che allieteranno la loro famiglia e la comunità.] [V. Ti lodiamo, Signore, e ti benediciamo R. Eterno è il tuo amore per noi]. Siano lieti nella speranza, forti nella tribolazione, perseveranti nella preghiera, solleciti per le necessità dei fratelli, premurosi nell'ospitalità. Non rendano a nessuno male per male, benedicano e non maledicano, vivano a lungo e in pace con tutti. [V. Ti lodiamo, Signore, e ti benediciamo R. Eterno è il tuo amore per noi]. Il loro amore, Padre, sia seme del tuo regno. Custodiscano nel cuore una profonda nostalgia di te fino al giorno in cui potranno, con i loro cari, lodare in eterno il tuo nome. Per Cristo nostro Signore. Amen»[205].

In queste formule la benedizione nuziale assume una grande importanza, anche se nella mentalità popolare viene quasi esclusivamente concepita come la protezione di Dio che si posa sui due sposi.

È palesemente espressa, questa concezione, nella prima benedizione dove si invoca il Signore affinché effonda la sua grazia e benedizione sugli sposi. A rafforzare questa concezione si aggiunge anche l'atteggiamento rituale richiesto agli sposi: mettersi in ginocchio.

Andando un po' oltre le prime impressioni si può notare che nei quattro formulari proposti la benedizione nuziale è anzitutto ascendente. Si tratta di *bene-dire* Dio per quanto ha operato nella storia, e per quanto continua a fare nei due protagonisti. Basti pensare alle immagini dell'AT evocate nella prima e seconda benedizione, specialmente il libro della Genesi, e del NT evocato nella quarta benedizione.

A gli sposi è chiesto, anzitutto, un atteggiamento di riconoscimento e apprezzamento dell'agire di Dio nella storia della salvezza e nella propria storia personale, condizione fondamentale per ottenere in benedizione il dono dell'unione in Cristo.

---

[205] *Ibid.*, 88, 65-67.

La benedizione, nella sua prospettiva discendente, è espressa nella seconda parte della preghiera, quando si chiedono i favori indispensabili alla vita coniugale: rimanere fedeli al patto coniugale, vivere in piena comunione, rispetto reciproco, essere l'uno per l'altro segno della presenza divina per essere un cuor solo e un'anima sola. A riguardo è molto pregevole il terzo formulario, a motivo della sua brevità e scorrevolezza.

L'effetto sperato, attraverso la benedizione, è quello della fedeltà al patto coniugale che si ottiene con la forza dell'amore che lo Spirito Santo diffonde nei cuori dei coniugi, perché vi dimori per sempre: «La speranza poi non delude, perché l'amore di Dio è stato riversato nei nostri cuori per mezzo dello Spirito Santo che ci è stato dato» (Rm 5, 5).

L'inserimento dell'epiclesi nelle preghiere di benedizione, nonostante sia assai debole (basti pensare al breve inciso della terza formula), conferisce verità al dinamismo delle stesse e rispecchia una maggiore sensibilità sul rapporto tra lo Spirito Santo e i sacramenti, comportando una ricaduta sulla impostazione generale della sacramentalità.

La celebrazione del *mysterion* delinea l'orizzonte nel quale la coppia può interpretare il senso della propria vita; il *mysterion*, in quanto piano di Dio in cui si realizza l'autodonazione trinitaria, si caratterizza per la duplice missione del Figlio e dello Spirito da parte del Padre[206].

Possiamo, allora, comprendere che non è casuale la strutturazione della preghiera cristiana nella sua connotazione anamnetica ed epicletica.

L'anamnesi, facendo riferimento alla linearità della storia salvifica, volge l'attenzione al suo centro che è la missione del Figlio di Dio.

---

206 Cfr M. OUELLET, *Divina somiglianza*, cit., 109-136; cfr ID., *Mistero e Sacramento dell'Amore*, cit., 27-130.

L'epiclesi, facendo riferimento alla perpendicolarità della storia salvifica, volge l'attenzione al principio ispiratore del suo svolgimento che è la missione dello Spirito Santo.

L'anamnesi ha il duplice compito: rievocare e far rivivere tutto quello che Dio ha compiuto per l'uomo, facendogli riconoscere che la sua storia non è soltanto svolgimento dell'iniziativa umana ma è piuttosto azione anticipante e premurosa di Dio *che non si dimentica mai delle sue creature*. In altre parole, l'anamnesi consiste nel tenere in conto, da parte dell'uomo, di quello che Dio ha fatto per la sua creatura; tutto quello che Dio ha fatto è *promessa e certezza* che continuerà ad agire anche qui ed ora per la comunità celebrante.

Nell'anamnesi, quello che viene narrato non ha carattere puramente descrittivo, ma viene inserito nella storia dei *segni e prodigi* che Dio compie fin dall'origine con quella coppia originaria alla quale restituisce lo stupore iniziale «Dio vide che era molto buono – bello».

Dinanzi alla coppia, la liturgia invita alla sorpresa, perché si tratta dell'opera più grande compiuta da Dio al culmine della creazione.

Con l'anamnesi ogni parola-azione di Dio precede e prepara quella successiva, e viceversa, perché ciò che segue illumina ciò che precede. Questo movimento orizzontale congiunge il presente con il passato e il futuro come dimensioni di un'unica storia. Gesù Cristo crocifisso e risorto, nella concezione cristiana, è questa parola-azione di Dio realizzata, ed è alla luce di questa che va reinterpretata tutta la storia compresa quella dei coniugi.

L'anamnesi non è fine a se stessa, perché Dio ha sempre agito per il suo popolo e adesso agisce per la comunità celebrante, essa è azione che tende ad espandersi verso tutti gli uomini. Infatti, il sacramento, in quanto evento anamnetico, è la condizione nuova della storia salvifica. Esso non prevede nuovi avvenimenti rivelanti o realizzativi della storia salvifica. Il memoriale ha il compito di riferire all'atto presente ciò che è avvenuto nella vita del Signore, che viene evocata come luogo definitivo della fedeltà di Dio all'uomo. Il rimando non può che essere simbolico, nel senso che l'atto rituale vive di questo riferimento evocativo; in questo modo l'atto liturgico, in continuità lineare con esso, realizza ulteriormente l'evento salvifico nella condizione del credente di oggi.

Nel caso del matrimonio, la storia della coppia, ispirandosi all'evento pasquale, è chiamata a riviverlo, esprimendolo nella irripetibilità dei rapporti interpersonali e della vita della famiglia. Anche la chiamata alla comunione tra l'uomo e la donna, manifestazione dell'immagine e somiglianza di Dio, dà corpo all'evento del Cristo man mano che si dispiega nella vita amorosa dei coniugi.

Nell'*epiclesi*, invocazione dello Spirito Santo, possiamo distinguere due aspetti:

- Il primo aspetto consiste nel riconoscere che la vita della coppia, avendo origine dal mistero trinitario, è già in qualche modo chiamata all'esperienza piena di esso. Ciò significa che l'esistenza spesa nell'amore sponsale è già partecipazione alla vita divina, anzi frutto di essa. Il dono dell'amore è già esperienza dello Spirito d'amore che è nella Trinità, e che nella pienezza dei tempi viene riversato nel cuore degli uomini e delle donne.

  L'azione dello Spirito, invocata da tutta la Chiesa, si caratterizza per la interiorizzazione della grazia; egli agisce dall'intimo dell'uomo per metterlo in movimento verso la conformazione al Cristo[207].

- Il secondo aspetto evidenzia il sacramento come azione dello Spirito, che agisce senza negare la partecipazione umana, anzi perfezionandola. La grazia, nel caso del matrimonio, prende forma nel corpo dei coniugi (e dei figli), e quindi si realizza secondo la nuova modalità dell'incontro completo tra i coniugi.

  La grazia prende corpo nella gestualità della vita di coppia. Luogo specifico dell'esperienza salvifica è la relazione completa tra i coniugi, che sono impegnati ad esprimere la pienezza del loro amore, attraverso la totalità della loro persona (volontà, sentimenti, affezioni, istinti...), puntando alla piena trasparenza della comunione.

3.2 Preghiera dei fedeli e invocazione dei santi

A conclusione della benedizione nuziale, al termine di tutto ciò che è apparentemente *scenico*, ci si rivolge a Dio: con la preghiera dei fedeli seguita dall'invocazione dei santi.

Dio, da Padre amorevole, non mancherà di sostenere questi suoi figli, sia nei momenti di gioia che di dolore, per questo la Chiesa lo invoca perché porti a compimento ciò che ha in loro iniziato.

Nella preghiera sono evidenziate soprattutto fiducia e perseveranza che sono irrinunciabili per un cristiano. La fiducia testimonia quanto è scritto dall'evangelista Giovanni: «Io sono la vite, voi i tralci. Chi rimane in me e io in lui, fa molto frutto, perché senza di me non potete far nulla» (Gv 15, 5); mentre la perseveranza richiede un doppio atteggiamento: evitare di

---

[207] Cfr G. BALDANZA, *La grazia del sacramento del matrimonio*, cit., 295.

comprarsi il Padre, «Pregando poi, non sprecate parole come i pagani, i quali credono di venire ascoltati a forza di parole» (Mt 6, 7); invocare senza stancarsi, «Perché chi chiede ottiene, chi cerca trova, e a chi bussa sarà aperto» (Lc 11, 10).

La preghiera permette di allargare gli orizzonti: da familiari ad ecclesiali, proiettando la celebrazione nella testimonianza da offrire al mondo. È lo Spirito, ricevuto durante la benedizione, che li abilita a ciò: «Ed egli è morto per tutti, perché quelli che vivono non vivano più per se stessi, ma per colui che è morto e risuscitato per loro» (2 Cor 5, 15).

Sono offerti diversi modelli di questa preghiera dei fedeli ed è possibile anche avere un minimo di creatività per adattare l'orazione alle necessità contingenti. La preghiera si connota, per sua natura, anche della gratuità: «Guarite gli infermi, risuscitate i morti, sanate i lebbrosi, cacciate i demòni. Gratuitamente avete ricevuto, gratuitamente date» (Mt 10, 8). Gratuità che in modo particolare i coniugi sono chiamati a vivere l'uno per l'altro senza attese di contraccambio.

Segue la litania dei santi. L'introduzione di questa *invocazione* costituisce una delle novità della seconda edizione tipica del RM per la Chiesa italiana. Va notato che l'invocazione dei santi non fa parte della seconda edizione tipica del RM in lingua latina, edita nel 1990.

Quando parliamo di santi anzitutto dobbiamo fare riferimento a Dio che è il santo per eccellenza. Come sappiamo, dalla storia, col passare del tempo il riconoscimento della santità è passato anche agli uomini ed in modo particolare ai martiri che diedero la vita per Cristo fino all'effusione del sangue: «Vi scacceranno dalle sinagoghe; anzi, verrà l'ora in cui chiunque vi ucciderà crederà di rendere culto a Dio» (Gv 16, 2).

La santità con il tempo è stata attribuita a tutti coloro che hanno testimoniato Cristo anche senza martirio. A riguardo è impossibile poterli contare visto che, teologicamente parlando, tutti i battezzati sono santi quindi, vocati a vivere da santi. Molti sono saliti agli onori degli altari, molti altri sono stati glorificati nell'anonimato della loro vita personalmente da Cristo senza alcun tipo di manifestazione pubblica.

La liturgia solenne della festa dei santi, che facciamo nel corso dell'anno liturgico, ce li fa riconoscere come amici e modelli di vita.

Questo tipo di riconoscimento nella santità rende possibile l'abbattimento delle concezioni sbagliate dei santi: personaggi inaccessibili e eroi infallibili. È palese infatti che se sono amici non sono inaccessibili anzi, proprio perché amici sono testimoni autorevoli, e se sono eroi lo sono perché hanno vissuto in modo straordinario la loro vita ordinaria. Sappiamo bene che i santi sono figli del loro tempo, e ne consegue che presentano positività e negatività come tutti i mortali.

La nuova litania, che attualmente conclude la preghiera dei fedeli, nel rito che venne utilizzato per celebrare il matrimonio in piazza S. Pietro in occasione del giubileo delle famiglie del 2000, era collocata subito dopo le interrogazioni e prima dello scambio del consenso[208].

Questa scelta rituale, fatta durante il giubileo, rimandava subito al rito del sacramento dell'ordine (ma anche al rito della consacrazione delle vergini). Un tale accostamento non era altro, a mio parere, che la traduzione rituale dell'insegnamento del CCC che accosta il matrimonio all'ordine,

[208] Cfr UFFICIO DELLE CELEBRAZIONI LITURGICHE DEL SOMMO PONTEFICE, *Giubileo delle famiglie: santa messa e sacramento del matrimonio* (15.10.2000), LEV, Città del Vaticano 2000, 23-28.

definendo entrambi *sacramenti del servizio della comunione*[209].

Una scelta pioniera che avrebbe rivoluzionato di molto la concezione del sacramento del matrimonio. Penso che una sequenza rituale simile a quella in uso per il sacramento dell'ordine avrebbe rafforzato, nella mentalità comune, la convinzione che da parte dei coniugi una consacrazione definitiva, irrevocabile dell'uno nei confronti dell'altro e insieme in Dio per l'umanità.

In ogni caso la breve litania è un avvento di ricchezza e nel concludere la preghiera dei fedeli, enumera dopo Maria, invocata come: «Madre di Dio, della Chiesa e Regina della famiglia», San Giuseppe e gli angeli, diversi santi che sono stati testimoni della vita coniugale, da quelli citati nella Scrittura ai testimoni contemporanei.

L'invocazione dei santi nel RM va considerata non solo come una supplica rivolta ai santi, ma essa ci ricorda anche che tutti coloro che ci hanno preceduto sono un solo corpo con l'assemblea che celebra.

Mai può essere dimenticata la comunione che lega questa comunità celebrante con tutti i credenti sparsi nel mondo (quella che chiamiamo dimensione sincronica), come non può essere sottovalutata la comunione diacronica che – come dicevamo – unisce questa, pur povera comunità celebrante, con coloro che ci hanno preceduto e con coloro che ancora verranno perché tutti *formati* nel corpo di Cristo.

Invocare i santi uno per uno, chiamandoli per nome, sta a significare la richiesta di intercessione presso Dio a favore degli sposi, come attesta la monizione introduttiva della litania: «Ora, in comunione con la Chiesa del

---

[209] Cfr CCC, cit., 1533-1666, 394-425.

cielo, invochiamo l'intercessione dei santi»[210].

Il compito di intercedere è una specie di mediazione presso Dio per noi, segno di una nuova amicizia: «Non vi chiamo più servi, perché il servo non sa quello che fa il suo padrone: ma vi ho chiamati amici, perché tutto ciò che ho udito dal Padre l'ho fatto conoscere a voi» (Gv 15, 15).

A fondamento di questa amicizia c'è Cristo stesso, che è il vivente sempre pronto a intercedere per noi: «Perciò può salvare perfettamente quelli che per mezzo di lui si accostano a Dio, essendo egli sempre vivo per intercedere a loro favore» (Eb 7, 25).

La litania ci fa gustare un altro aspetto importante dell'esperienza cristiana: essere chiamati per nome. Sappiamo dalla testimonianza biblica che il nome viene addirittura annunziato prima della nascita ai genitori: «Ma l'angelo gli disse: "Non temere, Zaccaria, la tua preghiera è stata esaudita e tua moglie Elisabetta ti darà un figlio, che chiamerai Giovanni. [...]"» (Lc 1, 13); «Ecco concepirai un figlio, lo darai alla luce e lo chiamerai Gesù» (Lc 1, 31).

In tutta la celebrazione il nome degli sposi è continuamente ripetuto quale conferma di quanto ci dice il libro dell'Apocalisse:

> «Poi vidi i morti, grandi e piccoli, ritti davanti al trono. Furono aperti dei libri. Fu aperto anche un altro libro, quello della vita. I morti vennero giudicati in base a ciò che era scritto in quei libri, ciascuno secondo le sue opere. Il mare restituì i morti che esso custodiva e la morte e gli inferi resero i morti da loro custoditi e ciascuno venne giudicato secondo le sue opere. Poi la morte e gli inferi furono gettati nello stagno di fuoco. Questa è la seconda morte, lo stagno di fuoco. E chi non era scritto nel libro della vita fu gettato nello stagno di fuoco» (Ap 20, 12-15).

---

[210] RM, cit., 81, 57.

La litania dei santi è garanzia per gli sposi, nel giorno più importante della loro vita, di appartenenza alla Chiesa, che augura a tutte le coppie di sposi cristiani di poter un giorno far parte di questa schiera di santi.

Alla luce di tutto ciò, è facile percepirne la squisita preziosità e valenza teologica. L'invocazione è in funzione di una comunità riunita in preghiera per invocare i santi, per ottenere da Dio per i nuovi sposi tutti gli aiuti necessari, perché siano sempre fedeli agli impegni che assumeranno all'interno del focolare domestico, e all'interno della comunità ecclesiale, nella quale dovranno essere testimoni qualificati dell'amore sponsale di Cristo per la Chiesa.

Va notato che ciò che si chiede per gli sposi va a vantaggio nell'intera comunità ecclesiale che è corpo mistico di Cristo.

4 Liturgia Eucaristica

Ritengo indispensabile dare uno sguardo anche alle indicazioni relative al matrimonio che troviamo nella liturgia eucaristica.

Anzitutto le orazioni sulle offerte. Il MR ci concede la possibilità di scegliere tra tre possibilità:

> «Accogli, Signore, i doni che consacrano l'alleanza nuziale: guida e custodisci questa nuova famiglia, che tu stesso hai costituito nel tuo sacramento. Per Cristo nostro Signore»; «O Dio, Padre di bontà, accogli il pane e il vino, che la tua famiglia ti offre con intima gioia, e custodisci nel tuo amore N. e N. che hai unito con il sacramento nuziale. Per Cristo nostro Signore»; «Accogli, Signore, i doni e le preghiere che ti presentiamo per N. e N., uniti nel vincolo santo: questo mistero, che esprime la pienezza della tua carità, custodisca per

sempre il loro amore. Per Cristo nostro Signore»[211].

Si può notare subito l'accostamento che viene fatto tra i doni eucaristici e gli sposi. Essi sono paragonati a questi elementi del tutto naturali che, grazie alla potenza dello Spirito Santo, diventeranno corpo e sangue di Cristo.

Come dicevamo nel primo capitolo, si tratta di saper cogliere nel dato visibile il dono invisibile. In questo caso, il dato si identifica con il pane, il vino e gli sposi; il dono, invece, è costituito in entrambi i casi 'amore di Cristo per l'umanità e dall'amore vicendevole degli sposi.

Altro elemento da evidenziare è l'atteggiamento comunitario di invocazione, affinché Dio custodisca per sempre l'amore coniugale.

Segue il prefazio che è il primo elemento della preghiera eucaristica: azione di grazia dove il presbitero, a nome del popolo santo di Dio, ed in modo particolare a nome degli sposi, glorifica il Padre rendendogli grazie per tutta la storia della salvezza o per qualcosa in particolare, come nel nostro caso, a seconda della celebrazione che si svolge[212].

Anche in questo caso c'è la possibilità di scelta:

> «[...] È veramente cosa buona e giusta, nostro dovere e fonte di salvezza, rendere grazie sempre e in ogni luogo a te, Signore, Padre santo, Dio onnipotente ed eterno. Tu hai dato alla comunità coniugale la dolce legge dell'amore e il vincolo indissolubile della pace, perché l'unione casta e feconda degli sposi accresca il numero dei tuoi figli. Con disegno mirabile hai disposto, che la nascita di nuove creature allieti l'umana famiglia, e la loro rinascita in Cristo edifichi la tua Chiesa. Per questo mistero di salvezza, uniti agli angeli e ai santi, cantiamo insieme l'inno della tua gloria: [...]»[213].

---

211 Cfr MR, 738.
212 Cfr OGMR, 55/a, XXV.
213 Cfr MR, 738-739.

Il primo prefazio fa riferimento alla dignità del matrimonio. I pilastri di questa dignità sono: l'amore e la pace. Il primo è legge; il secondo, invece, vincolo della comunione coniugale. Questi elementi rendono l'unione coniugale casta e feconda, predisponendola all'accoglienza della vita.

> «[...] È veramente cosa buona e giusta, nostro dovere e fonte di salvezza, rendere grazie sempre e in ogni luogo a te, Signore, Padre santo, Dio onnipotente ed eterno, per Cristo nostro Signore. Tu hai stabilito con il tuo popolo un patto nuovo, perché in Cristo, morto per la nostra redenzione e gloriosamente risorto, l'umanità diventi partecipe della tua vita immortale e coerede della gloria dei cieli. Nell'alleanza tra l'uomo e la donna ci hai dato l'immagine viva dell'amore di Cristo per la sua Chiesa, e nel sacramento nuziale riveli il mistero ineffabile del tuo amore. Per questo mistero di salvezza, uniti agli angeli e ai santi, cantiamo senza fine l'inno della tua gloria: [...]»[214].

Il secondo prefazio è relativo al matrimonio quale *sacramento grande* in Cristo e nella Chiesa. Come più volte detto qui è nuovamente ribadita l'intima relazione che si viene a creare tra gli sposi cristiani è l'amore di Cristo per la Chiesa. Mi viene subito in mente una consuetudine che noi uomini abbiamo: quella di riconoscere, a motivo della fisionomia del viso o di tutto il corpo, nei figli i genitori. Analogamente dovrebbe accadere per chi incontra e si relaziona con una coppia di coniugi cristiani, si dovrebbe poter riconoscere in essa l'immagine genitoriale che consiste nell'amore ineffabile di Cristo sposo per la Chiesa sua sposa.

> «[...] È veramente cosa buona e giusta, nostro dovere e fonte di salvezza, rendere grazie sempre e in ogni luogo a te, Signore, Padre santo, Dio onnipotente ed eterno. Tu hai dato all'uomo il dono dell'esistenza e lo hai innalzato a una dignità incomparabile; nell'unione tra l'uomo e la donna hai impresso un'immagine del tuo amore, verso la gioia di una comunione senza fine. E in questo

---

[214] *Ibid.*, 739-740.

disegno stupendo il sacramento che consacra l'amore umano ci dona un segno e una primizia della tua carità: per Cristo nostro Signore. Per questo mistero di salvezza, uniti agli angeli e ai santi, cantiamo insieme l'inno della tua gloria: [...]»[215].

In ultimo, il terzo prefazio vede il matrimonio quale segno dell'amore di Dio. L'uomo e la donna, unendosi, sono immagine dell'amore di Dio, il quale sostiene continuamente l'umana famiglia in questo cammino d'amore. In altre parole, attraverso la consacrazione del loro amore i coniugi sono il segno visibile, reale e perpetuo della carità di Dio Padre: Cristo Signore.

Dopo la consacrazione è possibile innalzare intercessioni particolari. Il MR, a seconda della preghiera eucaristica scelta, ci concede la possibilità di elevare una supplica particolare:

- Nel Canone Romano: «Accetta con benevolenza, o Signore, l'offerta che ti presentiamo noi tuoi ministri, questi sposi N. e N. e tutta la tua famiglia: tu che hai dato loro la gioia di questo giorno, allietali con il dono [dei figli e] di una vita lunga e serena»[216].
- Nella Preghiera Eucaristica II dopo le parole *e tutto l'ordine sacerdotale*, si aggiunge: «Ricordati dei tuoi figli N. e N., che in Cristo hanno costituito una nuova famiglia, piccola Chiesa e sacramento del tuo amore, perché la grazia di questo giorno si estenda a tutta la loro vita»[217].
- Nella Preghiera Eucaristica III dopo le parole *e il popolo che tu hai redento*, si aggiunge: «Assisti i tuoi figli N. e N., che in Cristo hanno costituito una nuova famiglia, piccola Chiesa e sacramento del tuo

[215] *Ibid.*, 740.
[216] *Ibid.*, 387.
[217] *Ibid.*, 399.

amore, perché la grazia di questo giorno si estenda a tutta la loro vita»[218].

- Nella Preghiera Eucaristica IV, dopo le parole *di coloro che si uniscono alla nostra offerta*, si aggiunge: «Dei tuoi figli N. e N., che in Cristo hanno costituito una nuova famiglia, dei presenti e del tuo popolo e di tutti gli uomini che ti cercano con cuore sincero»[219].

In tutte e quattro le preghiere eucaristiche possiamo notare una continua intercessione presso Dio a favore dei coniugi, non solo per il momento presente, ma soprattutto per il nuovo tempo che si accingono a vivere. Occorre notare che tali intercessioni sono armonicamente inserite dopo la consacrazione e oltre ad elevare suppliche stanno a significare, soprattutto per gli sposi, l'intimo nesso che si istaura tra l'amore coniugale e quello eucaristico che è l'alimento costante del primo.

5 Riti di conclusione

Dopo la lettura degli articoli del codice civile il presbitero benedice gli sposi secondo uno dei seguenti formulari:

- «Dio, eterno Padre, vi conservi uniti nel reciproco amore; la pace di Cristo abiti in voi e rimanga sempre nella vostra casa. Amen. Abbiate benedizione nei figli, conforto dagli amici, vera pace con tutti. Amen. Siate nel mondo testimoni dell'amore di Dio perché i poveri e i sofferenti, che avranno sperimentato la vostra carità, vi accolgano grati un giorno nella casa del Padre. Amen. [...]»[220].

- «Dio, Padre onnipotente, vi comunichi la sua gioia e vi benedica con il dono dei figli. Amen. L'unigenito Figlio di Dio vi sia vicino e vi

[218] *Ibid.*, 408.
[219] *Ibid.*, 417.
[220] RM, cit., 92, 68-70.

assista nell'ora della serenità e nell'ora della prova. Amen. Lo Spirito Santo di Dio effonda sempre il suo amore nei vostri cuori. Amen. [...]»[221].

- «Il Signore Gesù, che santificò le nozze di Cana, benedica voi, i vostri parenti e i vostri amici. Amen. Cristo, che ha amato la sua Chiesa sino alla fine, effonda continuamente nei vostri cuori il suo stesso amore. Amen. Il Signore conceda a voi, che testimoniate la fede nella sua risurrezione, di attendere nella gioia che si compia la beata speranza. Amen. [...]»[222].

Anche in questo caso la liturgia non manca di auspicare per la nuova famiglia benedizioni e grazie da Dio, ricordando agli sposi quella che è la loro missione nel mondo. Viene anche nutrita la speranza dei coniugi facendo memoria degli eventi prodigiosi che Cristo pose nella sua vita terrena e che lo Spirito continua a porre ovunque, e, in special modo, nella e attraverso la loro vita.

---

[221] *Loc. cit.*
[222] *Loc. cit.*

CONCLUSIONE

Nell'introduzione si è evidenziata la necessità di elaborare un itinerario pedagogico da proporre alle giovani coppie di sposi e alle coppie meno giovani che desiderano riscoprire la freschezza del loro matrimonio a partire dagli elementi rituali e verbali della celebrazione nuziale: *per ritus et preces* come dice il titolo dell'elaborato.

Per fare questo si è proceduto all'analisi del RM ed in modo particolare dei suoi codici comunicativi: quello *verbale* e quello *non verbale.* Non c'è la pretesa di compiere un lavoro di tipo liturgico o biblico piuttosto, dando voce a tutto il rito, sono stati evidenziati una serie di elementi simbolici che, nutriti dalla Parola di Dio ed espressi dalla parola dell'uomo, rendono possibile una riscoperta dell'identità propria della famiglia *Chiesa domestica.*

La lettura di questi codici del rito è finalizzata ad offrire ad una famiglia nascente il materiale per far memoria e per educarsi a vivere il matrimonio secondo il progetto di Dio.

I vescovi italiani nella *presentazione* del rito affermano che il matrimonio ha certamente un «valore universale per l'umanità» ed è il «fondamento della famiglia» che costituisce «la cellula originaria della società»[223].

Dio ha benedetto e ricolmato di grazia e santità l'unione coniugale elevandola, in Cristo Gesù, a sacramento. Il matrimonio diventa così il

[223] RM, *Presentazione*, cit., 4, 12.

simbolo per eccellenza che *contiene e manifesta* l'unione sponsale di Cristo con la sua Chiesa.

Il matrimonio celebrato nella Chiesa è sacramento e pertanto, alla luce di quanto abbiamo visto, nell'analisi del Rituale, assume caratteristiche peculiari:

- *È un evento ecclesiale*. La Chiesa ha accolto la giovane coppia di sposi «inserendoli come credenti nel corpo ecclesiale con il battesimo» per questo si fa memoria di esso, che è il fondamento della vita ecclesiale, all'inizio della celebrazione e a partire da quest'ultima nella quotidianità della vita coniugale e familiare. Il battesimo «evidenzia il fondamento teologico dell'atto del consenso. È in forza del sacerdozio battesimale che gli sposi partecipano al mistero dell'alleanza pasquale e compiono un atto propriamente ecclesiale». Le diverse eucologie evidenziano la presenza e il ruolo della Chiesa che accoglie e accompagna con affetto e simpatia le giovani coppie di sposi. Nella vita di coppia non si è soli, c'è un sostegno ecclesiale[224].
- *Rende immagine viva del mistero stesso della Chiesa*. «La coppia e la famiglia in virtù del sacramento sono capaci di testimoniare attraverso un amore oblativo, fedele, indissolubile e fecondo il dono della salvezza che viene da Cristo». Nel consenso gli sposi rispondono ad una parola d'amore, che li precede, perché proviene da Dio, e sulla quale devono continuamente tornare aiutandosi con il LM accolto il giorno

delle nozze, attraverso l'ascolto della Parola di Dio e la sua venerazione con il bacio dell'evangeliario. Va comunque tenuto in considerazione che il cuore del LM è costituito dalle letture che sono state scelte il giorno delle nozze[225].

- *È segnato dall'azione dello Spirito Santo*. Tutte le celebrazioni liturgiche vengono attuate nello Spirito Santo. Nel RM è costante il riferimento al dono dello Spirito e alla sua grazia. Il ruolo dello Spirito non si limita al solo momento celebrativo ma a partire da esso si estende ad ogni attimo della vita coniugale infatti «avvolgendo gli sposi con la sua ombra, dona loro una nuova comunione di vita»[226].
- *Si nutre della ministerialità degli sposi*. Gli sposi esprimendo il loro consenso «sono ministri della grazia di Cristo». Questa ministerialità è espressa nell'azione rituale attraverso la «partecipazione alla processione al fonte battesimale per la memoria del battesimo, con la venerazione del Vangelo, con la scelta della formula per esprimere il consenso e per invocare la benedizione e con la presentazione delle offerte all'altare». Questa ministerialità non si esaurisce nel giorno delle nozze ma si protrae per tutta la vita nella *Chiesa domestica* che hanno costituito[227].

Come fare affinché questa ricchezza sia colta dagli sposi? La ricerca fatta dimostra che il rito contiene una sovrabbondanza di materiale per

---

[224] Cfr *ibid.*, 4, 12-13.
[225] Cfr *ibid.*, 5, 13.
[226] Cfr *ibid.*, 6, 13-14.
[227] Cfr *ibid.*, 8, 14-15.

elaborare un itinerario pedagogico-mistagogico in tappe da proporre ai giovani sposi.

Si potrebbe pensare ad un anno da dedicare alla riscoperta e alla attualizzazione dei codici *verbali* e *non verbali* a partire dalle letture scelte per la celebrazione delle nozze.

Negli anni seguenti si potrebbe utilizzare soprattutto il LM per tenere gli sposi uniti intorno alla Parola a partire dalle aree tematiche proposte dalle *Premesse* del LM.

Volgendo al termine della nostra riflessione, risulta evidente, alla luce delle indicazioni dei vescovi italiani fatta nella *Presentazione* del rito, la necessità da parte degli sposi di essere disponibili ad accogliere lo Spirito Santo nella propria vita rendendolo l'anima della famiglia. Andrebbe considerato, lo Spirito Santo, il sesto senso che accomuna i coniugi, dandogli la possibilità di guidarli ad una continua riscoperta di quelle che sono le proprie origini – memoria del battesimo – in un continuo confronto con il progetto d'amore di Dio – LM –, nella consapevolezza di appartenere ad una comunità con la quale si è chiamati ad essere e fare Chiesa.

Questo può essere considerato un itinerario formativo e catechetico capace di esprimere una pedagogia-mistagogica, tesa ad aiutare l'uomo dal suo nascere al suo compimento, permettendogli di prendere coscienza di quella che è la sua dimensione individuale, di coppia e di famiglia nel più ampio progetto nuziale di Dio sull'uomo. L'itinerario qui proposto, auspicando uno sviluppo armonico dell'educazione all'amore, potrebbe aiutare le nuove generazioni a uscire dall'*empasse* dell'emergenza educativa attuale che coinvolge le famiglie, la società e la Chiesa.

Bibliografia

Fonti primarie

AGOSTINO, *Sermone*, 227, in ID., *Opera Omnia, Discorsi* 32/1, P. Bellini – F. Cruciani – V. Tarulli (curr.), NBA, Roma 1984.

AMBROGIO, *I Misteri*, IX, 53, in ID., *Opera Omnia* 17, Città Nuova, Roma 1992.

Anthologhion di tutto l'anno I, traduzione dal greco di M. B. Artioli, Ed. Liturgiche, Roma 1999.

BENEDETTO XVI, Es. apost. *Sacramentum caritatis*, (22.02.2007), LEV, Città del Vaticano 2007.

ID., *Lettera alla diocesi e alla Città di Roma sul compito urgente dell'educazione* (21.01.2008), LEV, Città del Vaticano 2008.

Catechismo della Chiesa Cattolica, LEV, Città del Vaticano 1992.

CONCILIO ECUMENICO VATICANO II, Cost. dogm. *Sacrosanctum concilium* (04. 12. 1963), in *Enchiridion Vaticanum I. Documenti ufficiali del Concilio Vaticano II*, EDB, Bologna 2000^{17}, 1-244.

CONCILIO ECUMENICO VATICANO II, Cost. dogm. *Lumen gentium* (21. 11.

1964), in *Enchiridion Vaticanum I. Documenti ufficiali del Concilio Vaticano II*, EDB, Bologna 2000[17], 284-456.

CONCILIO ECUMENICO VATICANO II, Cost. dogm. *Dei verbum* (18. 11. 1965), in *Enchiridion Vaticanum I. Documenti ufficiali del Concilio Vaticano II*, EDB, Bologna 2000[17], 872-911.

CONCILIUM (OECUM. VII) NICAENUM II, actio VII (13 ottobre 787), *Definitio de sacris imaginibus*, in H. DENZINGER (cur.), *Enchiridion symbolorum, definitionum et declarationum de rebus fidei et morum*, edizione bilingue, EDB, Bologna 2004[4], 600-603.

CONCILIUM TRIDENTINUM, sessio XXIV (11 novembre 1536), *Doctrina et canones de sacramento matrimonii*, cap. IV De ecclesiastica hierarchia et ordinazione, in H. DENZINGER (cur.), *Enchiridion symbolorum definitionum et declarationum de rebus fidei et morum*, edizione bilingue, EDB, Bologna 2004[4], 1797-1816.

CONFERENZA EPISCOPALE ITALIANA. COMMISSIONE EPISCOPALE PER LA LITURGIA, *Il canto nelle celebrazioni liturgiche e il repertorio base a carattere nazionale*, in A. Arrighini – E. Lora – G. Mocellin (curr.) *Enchiridion Conferenza Episcopale Italiana II*, EDB, Bologna 1986, 3334-3352.

ID., *Direttorio di pastorale familiare per la Chiesa in Italia*, Roma 2003.

ID., *Celebrare il «mistero grande» dell'amore. Indicazioni per la valorizzazione del nuovo Rito del matrimonio*, Paoline, Milano 2006.

CONFERENZA EPISCOPALE PIEMONTESE, *I cori nella liturgia*, Elle di Ci, Leumann 1989.

CRISOSTOMO G., *Omelia IX*, 2 in 1Tm 2,9, PG 62, col. 546.

GIOVANNI PAOLO II, Es. apost. *Familiaris Cconsortio. I compiti della famiglia cristiana nel mondo di oggi* (22.11.1981), in PONTIFICIO CONSIGLIO PER LA FAMIGLIA (cur.) *Enchiridion della Famiglia*, EDB, Bologna 2004, 472-760.

ID., Lett. enc. *Evangelium vitae. Il valore e l'inviolabilità della vita umana* (25.03.1995), in PONTIFICIO CONSIGLIO PER LA FAMIGLIA (cur.) *Enchiridion della Famiglia*, EDB, Bologna 2004, 1110-1460.

ID., *Uomo e Donna lo creò. Catechesi sull'amore umano*, Città Nuova, Roma 2007.

Messale Romano riformato a norma dei decreti del Concilio Vaticano II e promulgato da papa Paolo VI, Conferenza Episcopale Italiana (cur.), LEV, Città del Vaticano 1983[2].

NAZIANZO G., *Epistola 231*, PG 37, col. 373.

Ordinamento Generale del Lezionario Romano, in *Messale Romano riformato a norma dei decreti del Concilio Vaticano II e promulgato da papa Paolo VI, Lezionario domenicale e festivo – anno A*, Conferenza Episcopale Italiana (cur.), LEV, Città del Vaticano 2007.

Patriarcat d'Antioche des Syriens (cur.), *Liturgia della celebrazione del matrimonio secondo il rito della Chiesa Apostolica di Antiochia dei Siri*, Procure prés le S. Siége (pro-manoscritto).

PIO X, "Motu Proprio sulla musica sacra (22. 11. 1903)", in *Il Consulente Ecclesiastico. Rivista degli Atti della Santa Sede e delle Sacre Congregazioni Romane*, IX/I (1904) 13-17.

Rito del Matrimonio, Editio princeps (1614), edizione anastatica, introduzione e appendice M. Sodi e J. J. Flores Arcas (curr.), LEV, Città del Vaticano 2004.

Rito del Matrimonio, Ordo Celebrandi Matrimonii, Editio Typica, LEV, Romae, 1969.

Rito del Matrimonio, Ordo Celebrandi Matrimonii, Editio typica altera, LEV, Romae, 1990.

Rituale Romano riformato a norma dei decreti del Concilio Ecumenico Vaticano II promulgato da papa Paolo VI e riveduto da papa Giovanni Paolo II. Rito del Matrimonio, Conferenza Episcopale Italiana (cur.), LEV, Roma 2008.

Rituale Romano, Riformato a norma dei decreti del Concilio Ecumenico Vaticano II promulgato da papa Paolo VI e riveduto da papa Giovanni Paolo II. Rito del Matrimonio. Lezionario, Conferenza Episcopale Italiana (cur.), LEV, Roma 2008.

SACRE CONGREGATIO RITUM, Istruzione *Musicam sacram* (05.03.1967), in *Enchiridion Vaticanum II. Documenti ufficiali della Santa Sede 1963-1967*, EDB, Bologna 1979[11], 967-1035.

SAN BENEDETTO, *La regola*, Giorgio Ricasso (cur.), trad. italiana di Dorino Tuniz, San Paolo, Cinisello Balsamo (Mi) 2001.

SINODO DEI VESCOVI, XII ASSEMBLEA GENERALE, M*essaggio al popolo di Dio*. Unità tra Parola di Dio ed Eucaristia, in: http://www.vatican.va/roman_curia/synod/documents/re_synod_doc_20081025_elenco-prop-finali_it.htlm.

TERTULLIANO, *De virginibus velandis. La condizione femminile nelle prime comunità cristiane*, P. A. Gramaglia (cur.), Borla, Roma 1984.

Ufficiatura nuziale, Piana degli Albanesi (pro-manoscritto) 2005.

UFFICIO DELLE CELEBRAZIONI LITURGICHE DEL SOMMO PONTEFICE, *Giubileo delle famiglie: santa messa e sacramento del matrimonio* (15.10.2000), LEV, Città del Vaticano 2000.

Fonti secondarie

BALDACCI M., "Cantare il rito del matrimonio", in *Rivista di Pastorale Liturgica* 247/6 (2004) 65-70.

BEAUCHAMP P., *L'uno e l'altro testamento, 2. Compiere le Scritture*, Glossa, Milano 2001.

BONACCORSO G., "Il culto di Dio nei gesti dell'uomo", in *Rivista Liturgica* 83 (1996) 637-657.

BURLINI A. M. C., "Nuovi elementi simbolico-rituali: memoria del battesimo, venerazione del Vangelo, consenso, consegna della Bibbia", in *Rivista Liturgica* 91/6 (2004) 1045-1060.

CASCONE M., *Diakonìa della vita. Manuale di bioetica*, USC, Roma 2004.

CHEVALIER J. – GHEERBRANDT A., *Dizionario dei simboli*, Vol. I-II, Rizzoli, Milano 1986.

CROCIANI L., *Riti nuziali nel mondo latino occidentale*, Cantagalli, Siena 2001.

DACQUINO P., *Storia del matrimonio cristiano alla luce della Bibbia*, Elle di Ci, Leumann 1984.

D'AGOSTINO F., *La famiglia, un bene insostituibile*, Cantagalli, Siena 2008.

DAL MASO A., "La revisione del rito del matrimonio, novità, cambiamenti, opportunità pastorali", in *Rivista di Pastorale liturgica* 247/6 (2004) 3-14.

DIANICH S. – NOCETI S., *Nuovo corso di teologia sistematica.* Vol. 5: *Trattato sulla Chiesa*, Queriniana, Brescia 2005[2].

DI PIETRO M. L., *Bioetica e famiglia*, LUP, Città del Vaticano 2008.

GIRARD R., *Vedo satana cadere come la folgore*, G. Fornari (cur.), Adelphi, (MI) 2001.

GRILLO A., "Il matrimonio e la salvezza dell'altro. Per una teologia liturgica del rito secondo l'edizione italiana", in *Rivista Liturgica* 91/6 (2004) 1025-1038.

GRYGIEL S., *Extra Comunionem Personarum nulla Philosophia*, LUP, Roma 2002.

KLEINHEYER B., *Riti riguardanti il matrimonio e la famiglia*, in AA. VV., *Liturgia della Chiesa. Manuale di scienza liturgica*, vol. 9, Elle di Ci, Leumann 1994, 154-168.

LODI E., "La benedizione nuziale, sua valenza teologico-liturgica", in *Rivista Liturgica* 79/5 (1992) 659-691.

MAGGIANI S., "Il linguaggio liturgico", in Pontificio Istituto Liturgico sant'Anselmo (cur.), *Scientia Liturgica*, vol. II, Piemme, Casale Monferrato, 1998, 231-263.

MAZZANTI G., *I sacramenti simbolo e teologia*, vol I-II, EDB, Bologna 1999.

MELCHIOR-BONNET S., *Carlo Borromeo*, in F. Chiovaro (cur.), *Storia dei Santi e della santità cristiana* 8, Le Lettere, Milano 1991, 83-87

MELINA L., *Cristo e il dinamismo dell'agire. Linee di rinnovamento della teologia morale fondamentale*, LUP, Roma 2001.

ID., *Azione: epifania dell'amore. La morale cristiana oltre il moralismo e l'antimoralismo*, Cantagalli, Siena 2008.

ID. –NORIEGA J. –PÉREZ-SOBA J.J, *Camminare nella luce dell'amore. I fondamenti della morale cristiana*, Cantagalli, Siena 2008, 481-518.

MOLIN J.-B., *Symboles, rites et textes du mariage au moyen âge latin*, in G. Farnedi (cur.) *La celebrazione Cristiana del matrimonio. Simboli e testi*. Atti del secondo congresso internazionale di liturgia (Roma 27-31 maggio 1985), ISBN, Roma 1986, 107-128.

NANNI C., *Pedagogia*, in J. M. Prelezzo – G. Malizia – C. Nanni (curr.), *Dizionario di scienze dell'educazione,* LAS, Roma 2008^{2}, 851-861.

NICOLACI M. A., *Il Lezionario del matrimonio: tematiche teologiche e percorsi antropologici*, in *La celebrazione del matrimonio cristiano,* in P. SORCI (ed.), *La celebrazione del matrimonio cristiano. Il nuovo rito nel contesto delle attuali problematiche culturali e sociali*, Il pozzo di Giacobbe, Trapani 2007, 77-102.

NORIEGA J., *Il destino dell'eros, prospettive di morale sessuale*, EDB, Bologna 2007.

ID., *Generare e agire medico*, in J. Noriega – M. L. Di Pietro (curr.), *Fecondità nell'infertilità*, LUP, Città del Vaticano 2007, 127-138.

OGNIBENI B., *Il matrimonio alla luce del Nuovo Testamento*, LUP, Città del Vaticano 2007.

ORVIETO RICHETTI E., *La sposa e lo sposo. Il matrimonio nella tradizione ebraica*, Giuntina, Firenze 2005.

OUELLET M., *Divina somiglianza. Antropologia trinitaria della famiglia*, LUP, Roma 2004.

ID., *Mistero e Sacramento dell'Amore. Teologia del matrimonio e della famiglia per la nuova evangelizzazione*, Cantagalli, Siena 2007.

PARISI A., "Liturgia della Parola e canto", in *Rivista Liturgica* 86 (1999) 273-288.

PEDROLI L., *Dal fidanzamento alla nuzialità escatologica – la dimensione antropologica del rapporto tra Cristo e la Chiesa nell'Apocalisse*, Cittadella, Assisi 2007.

PESCI F., *Educazione senza vittime*, CEDAM, Padova 2008.

PETRINI G., *Appunti sul concetto di nuzialità*, in G. Marengo e B. Ognibeni (curr.), *Dialoghi sul mistero nuziale*, LUP, Roma 2003, 285-286.

PIAZZI D., "La seconda «editio typica» dell'«Ordo celebrandi Matrimonium»", in *Rivista di Pastorale Liturgica* 167/4 (1991) 75-86.

PILLONI F., *Danza nuziale – itinerario teologico e catechistico per coppie e famiglie*, Effatà, Torino 2002.

ID. (cur.), *Quando lo sposo è con loro*, Effatà, Torino 2005.

RAES A. (ed.), *Le mariage. Sa célébration et sa spiritualité dans les Èglises d'Orient*, Èditions de Chevetogne, Paris 1958.

RAINOLDI F., *Sentieri della musica sacra. Dall'800 al Concilio Vaticano II*, Ed. Liturgiche, Roma 1996.

ID., *Traditio canendi. Appunti per una storia dei riti cristiani cantati*, Ed. Liturgiche, Roma 2000.

ID., "'Come un canto d'amore' (Ez 33,32) ", in *Rivista Liturgica* 91/6 (2004) 1071-1076.

REALI N., *Scegliere di essere scelti. Riflessioni sul sacramento del matrimonio*, Cantagalli, Siena 2008.

RITZER K., *Le mariage dans les Églises chrétiennes du I*[er] *au XI*[e] *siècle*, Editions du Cerf, Paris 1970.

SABA A. – RIMOLDI A., *Carlo Borromeo*, in *Bibliotheca Sanctorum*, 3, Città Nuova, Roma 1963, coll. 812-850.

SABAINO D., "Musica e liturgia. Dalla Sacrosanctum Concilium al Repertorio Nazionale dei canti liturgici", in *Rivista Liturgica* 86 (1999) 173-198.

SARTORE D., *Mistagogia*, in D. Sartore – A. M. Triacca – C. Cibien, (curr.), *Dizionario di Liturgia,* San Paolo, Cinisello Balsamo (MI) 2001, 1208-1215.

SCOLA A., *Il Mistero Nuziale,* 1. *Uomo-Donna*, LUP, Roma 2005.

ID., *Il Mistero Nuziale,* 2. *Matrimonio-Famiglia*, LUP, Città del Vativano 2007.

SORCI P., "La velazione e l'incoronazione", in *Rivista Liturgica* 91/6 (2004) 1051-1060.

ID., *Il linguaggio non verbale nella celebrazione del matrimonio*, in ID. (ed.), *La celebrazione del matrimonio cristiano. Il nuovo rito nel contesto delle attuali problematiche culturali e sociali*, Il pozzo di Giacobbe, Trapani 2007, 103-122.

STRACK H. L. –BILLERBECK P., *Kommentar zum Neuen Testament aus Talmud und Midrasch.* Vol. I, C.H. Beck, Munchën 1922.

TOWNER P. H., *Codici domestici*, in G. F. HAWTHORNE – R. P. MARTIN – D. G. REID (ed.), *Dizionario di Paolo e delle sue lettere*, San Paolo, Cinisello Balsamo 1999, 252-256.

TRAPANI V., *Il canto e la musica nella celebrazione del matrimonio*, in P. SORCI. (ed.), *La celebrazione del matrimonio cristiano. Il nuovo rito nel contesto delle attuali problematiche culturali e sociali*, Il pozzo di Giacobbe, Trapani 2007, 123-136.

TRIACCA A. M., "Linee teologico-liturgiche in vista di una rinnovata celebrazione del matrimonio", in *Rivista Liturgica* 79/5 (1992) 605-627.

VALENZIANO C., *Costanti e varianti in celebrazioni coniugali di culture cristiane*, in AA. VV., *La celebrazione del matrimonio* cristiano, Dehoniane, Bologna 1977.

ID., *Scritti di estetica e di poietica. Su l'arte di qualità liturgica e i beni culturali di qualità ecclesiali*, Dehoniane, Bologna 1999.

Printed by Books on Demand GmbH, Norderstedt / Germany